Hans Bahlow

Unsere Vornamen im Wandel der Jahrhunderte

Grundriss der Genealogie

Band 4 der Reihe

Unsere *Vornamen* IM WANDEL DER JAHRHUNDERTE

von

Dr. Hans Bahlow

C.A. Starke Verlag

Der C.A. Starke Verlag ist ein Imprint von
Geschichtlicher Büchertisch – Ralf Jordan
Bischof-Wedekin-Str. 14, D-31162 Bad Salzdetfurth
Telefon 05064/9609641 | Fax 05064/9609639

ISBN 978-3-96528-054-0
www.starkeverlag.de

Neusatz/Layout: Die Bücherfüxin | Hildesheim | www.buecherfuexin.de
Korrektorat: C. A. Starke Verlag
Druck: druckhaus köthen GmbH & Co. KG, Friedrichstraße 11/12, 06366 Köthen (Anhalt)

Vorwort zum Nachdruck von 2019

Nach 50 Jahren wird das Buch von Dr. Hans Bahlow „Vornamen und ihre Bedeutung" aufgrund der erfreulichen Nachfrage erneut aufgelegt.

Bis auf kleinere Anpassungen und Vereinheitlichungen das Schriftbild betreffend wurde von inhaltlichen Veränderungen bewusst abgesehen. Zum einen wäre aufgrund der Neuerungen in der Vornamensgebung eine komplette Neuerstellung notwendig gewesen, zum anderen wäre dadurch der zeitgeschichtliche Charakter aus der Mitte des vergangenen Jahrhunderts verloren gegangen. Dieser zeigt sich insbesondere in der Einführung des 1900 geborenen und 1982 verstorbenen Autors. Ebenfalls zeigt das Werk, dass es bei der Vergabe von Vornamen Modeerscheinungen zu jeder Zeit gegeben hat, genauso wie sich bestimmte Vornamen unvermindert erhalten haben

Bad Salzdetfurth, im Oktober 2019

Ralf Jordan
Verleger

Ich glaube, man meint, unsere Vorfahren haben stäts geschlaffen und nit eben mit so großem Bedacht gewußt, ihren lieben Kindern Namen zu geben, als die Griechen und Latiner. *Fischart*

Vorwort

Es ist dies gewiß nicht der erste Versuch, in die Welt unserer Vornamen einzuführen und ihren Sinn zu ergründen. Aber die Möglichkeit, sich über die eigentlichen Ursachen ihres Aufkommens, ihre landschaftlich-mundartliche Formung und geschichtliche Entwicklung genauer zu unterrichten und die Auswirkung kultureller Strömungen zu erkennen, eine solche Möglichkeit gab es bisher kaum (trotz der nützlichen Übersichten von Arnold, 1900, Wentscher, 1928, und Heimeran, 1934, und der auf meinem „Deutschen Namenbuche" fußenden Darstellung „Familiennamen aus Vornamen" von Linnartz, 1939).

Diesem Bedürfnis abzuhelfen, war mein Anliegen. Die Erkenntnisse eigener, langjähriger Quellenforschungen kamen mir dabei zugute, sodaß traditionelle Irrtümer vermieden werden konnten und der Leser die Gewähr hat, zuverlässige Angaben und nicht nur Vermutungen oder Meinungen serviert zu bekommen. Über die sprachliche Deutung hinaus habe ich Wert auf die zeitgeschichtliche Einordnung der Namen gelegt, ihre Spiegelung in der Literatur ermittelt und Beispiele bekannter Persönlichkeiten hinzugefügt, die den Namen erst Leben und Farbe verleihen. Auch Bühne und Filmwelt treten mit ihrem Anteil in Erscheinung. Alles Nähere mag man aus der folgenden „Einführung" ersehen.

Die Anordnung der Namen erfolgt aus praktischen Gründen durchgehend in einem Alphabet, ohne Einteilung in deutsche und fremde oder männliche und weibliche, um dem Benutzer unnötiges Hin- und Herblättern zu ersparen. Jeder Buchstabe beginnt mit einer neuen Seite; einesteils aus Gründen besserer Übersicht, andernteils wurde damit am Ende des vorangegangenen Buchstabens Platz für Bemerkungen, Ergänzungen pp. geschaffen.

Der Anteil der männlichen und der weiblichen Namen wird aus einer gesonderten rubrikweisen Übersicht erkennbar.

Es wäre erfreulich, wenn es dem Büchlein gelänge, ein tieferes Verständnis unseres Vornamenschatzes zu verbreiten.

Für fruchtbare Mitarbeit und Förderung danke ich meiner Frau Ursula und meinem Sohne Henning Bahlow, Buch- und Kunstantiquar in Marburg, auch meinem Bruder Dr. Helmut B., Bibl. Rat ebenda, für verständnisvollen Einsatz dem Verlag Starke und seinem Inhaber, Herrn Kretschmer.

Hamburg, Winter 1964

Dr. Hans Bahlow, Univ. Bibl. Rat
(Lehrbeauftragter für Namenkunde)

Einführung

Wer die Namengebung um die Jahrhundertwende und in den letzten Jahrzehnten miterlebt hat und nun die Geburtsanzeigen in unseren Tageszeitungen täglich mustert, dem kann der völlige Umschwung nicht entgehen, der sich seit dem Zusammenbruch von 1945 auch auf diesem Sektor unserer Kultur vollzogen hat. Die Tradition scheint wie abgerissen, – eine neue Generation will offensichtlich nichts mehr von ihr wissen. Was eben noch zum eisernen Bestand unserer Vornamenwelt gehörte – Namen wie Werner, Walter, Rudolf, Ernst, die (mit Unterbrechungen) bis in älteste germanische Zeiten zurückreichen – das alles ist plötzlich wie weggeblasen; nicht anders ist es bei den weiblichen Taufnamen wie Hildegard, Ingeborg, Ursula, Erika, Lotte, – lauter vertraute Gestalten heimatlicher Prägung. Was aber ist an ihre Stelle getreten? Eine bunt gemischte Gesellschaft aus aller Herren Ländern, die in undeutschem Gewände von auffallenden Farben plötzlich Heimatrecht in Deutschland beanspruchen möchte.

Es ist die Internationalisierung unseres Lebens, unserer Kultur, die sich wie auf so vielen anderen Gebieten auch in dieser privaten Sphäre widerspiegelt, und nicht geringen Anteil hat natürlich die internationale Filmwelt, deren Vertreter und Themen mit Namen von undeutschem Klange aufwarten, teils sind es Namen aus romanischen Ländern (Italien, Spanien, Frankreich) wie etwa Claudia, Michaela, Bettina, Nicola, Andrea, Bianca, Martina, Petra, Angelika – oder (männlich) Sebastian, Stefan, Michael, Gregor, die man bisher nur als Heiligennamen in katholischen Ländern kannte, oder die volltönenden Susanne, Sabine, die man zur Zeit Gustav Freytags und unserer Klassiker gewohnt war, seitdem aber nicht mehr zu geben wagte, oder Constanze und Corinna, wo schwerlich die Frau Mozarts oder die altgriech. Dichterin zur Zeit Pindars Pate gestanden haben, sondern einfach verfilmte Romane diese Mode ausgelöst haben.

Auf der andern Seite macht sich gegenüber diesen romanisch-südländischen Einflüssen eine Flutwelle aus dem Norden, eine Art nordischer Renaissance bemerkbar, mit Namen schwedisch-norwegischer und dänisch-friesischer Herkunft: z. T. auch wieder durch den Film und seine Schauspieler gefördert, so etwa Christine (als Königin von Schweden), Karin, Ragna (vgl. Prinzessin Ragnhild von Norwegen) oder (männlich) Thorsten, Holger und Jens als dänisch, Kai und Uwe als dänisch-friesisch, Olaf als norwegisch-dänisch, und als friesische Spezialitäten die weiblichen Kosenamen Heike, Frauke, Elke, Silke, Hilke, Anke (Antje), die schon in den dreißiger, vierziger Jahren Eingang gefunden hatten, als der Begriff „nordisch“ Trumpf war. Und wenn, wie kürzlich geschehen, für ein Geschwisterpaar (Bruder und Schwester) die Namen (oder soll man sagen Silben?) Kai und Kim gewählt werden, so fühlt man deutlich das Bedürfnis der jungen Eltern, ihre Kinder durch supermoderne Namen von der großen Masse abzuheben; ob sie damit ihre Sprößlinge glücklich machen, ist natürlich eine andere Frage, – sie wird leider allzu oft übersehen und sollte doch eigentlich das Hauptanliegen wirklich liebender Täuflingseltern sein!

Aber es ist nun einmal so: Wir leben in einer Zeit des traditionslosen, bindungsfeindlichen Individualismus, der einerseits das Auffallende, Seltene und Anspruchsvolle liebt, anderseits aber auch das Moderne für das allein Angebrachte hält und (ohne es zu merken) sich damit gleichzeitig zum Sklaven der Mode macht, mit dem Ergebnis, daß die so modern benannten Kinder bald gar nicht mehr auf ihren Namen stolz sein werden, da er in Kürze zur Massenware geworden ist und ihnen auf Schritt und Tritt entgegentönt; so nämlich ist es heute bereits: fast jeder Dritte wird als Kai oder Thorsten, als Heike oder Sabine vorgestellt. Dieses Zusammenschrumpfen auf eine erstaunlich kleine Anzahl gebräuchlicher Vornamen und die daraus resultierende Eintönigkeit unserer heutigen Namenwelt ist das eigentlich Beklagenswerte, denn es bedeutet letzten Endes eine Verarmung. Diese Verarmung, begleitet von starker Überfremdung, kommt demjenigen ganz besonders zum Bewußtsein, der auf Grund jahrzehntelangen Studiums des deutschen Namenschatzes und seiner Entwicklung durch die Jahrhunderte einen umfassenden Überblick über die reiche Fülle heimischer Taufnamen besitzt, die uns zur Verfügung steht.

Es dürfte daher gerechtfertigt sein, wenn der Verfasser dieses Büchleins sich nicht auf die kümmerliche Schar der heutigen Modenamen beschränkt, zumal sie schon übermorgen verblüht sein werden, sondern darüber hinaus dem Leser eine Vorstellung von dem Reichtum des Ererbten und den zahlreichen Möglichkeiten einer glücklichen Namenwahl zu vermitteln versucht.

Der ursprüngliche Wortsinn ist, soweit er sich ermitteln läßt, jedesmal angegeben; doch wird der Wert solcher Deutungen für unsere Zeit gewöhnlich überschätzt; denn einerseits läßt sich bei vielen altdeutschen Namen aus germanischer Zeit, die aus zwei Gliedern bestehen, wie Hildegund u. ä., wohl der Sinn der einzelnen Glieder deuten, – hier hild = Kampf, gund desgl.! – nicht aber der Sinn des Ganzen, der schon früh verloren gegangen ist, soweit er überhaupt bestanden hat; beruht doch das Wesen urgermanischer Namengebung auf der Vereinigung zweier Elemente der elterlichen Namen, die jedes für sich einen poetischen Heilwunsch darstellten, ausgedrückt mit dem Wortschatz der Dichtung, wie z. B. im Namen der Königstochter Audofleda (Otflat), d. i. „Besitz und Schönheit“, wobei das Geschlecht des Grundwortes dem des Kindes entsprechen mußte!

Anderseits ist es auch weniger die ursprüngliche Bedeutung, die dem Namen in unsern Augen Glanz und Farbe verleiht, als vielmehr eine bestimmte Gestalt, sei es der Geschichte oder Sage, sei es der Literatur, der Bühnen oder der Filmwelt, die dahinter steht und als nacheifernswert empfunden wird. Diese tieferen Zusammenhänge, die entwicklungs- und kulturgeschichtlichen Voraussetzungen der Namenwahl sowohl der Gegenwart wie auch der vergangenen Jahrhunderte nach Möglichkeit aufzudecken, war daher das besondere Anliegen des Verfassers. Denn nur so läßt sich ein wirkliches Verständnis unserer Namenwelt gewinnen.

Zu diesem Zweck sei als Abschluß der Einführung in kurzen Zügen noch eine Übersicht über die Strömungen und Kräfte gegeben, die in den verschiedenen Epochen am Bilde der deutschen Namengebung geformt haben.

Daß wir uns für die germanische Urzeit wahrscheinlich lediglich einstämmige Namen zu denken haben, darauf deuten entsprechende Reste von urzeitlichem Gepräge wie Ernst („ernsthafter Kampf“), Otto (Odo, germ. Auda „glückhafter Besitz“), Karl („Kerl“), Bertha („die Glänzende“, Karls d. Gr. Mutter), Emma (Karls d. Gr. Tochter) u. ä., die gewöhnlich nur so – unkomponiert – begegnen! Eine fortgeschrittenere Zeit ging dann zur Zweistämmigkeit über, zur Bildung des Namens aus den Elementen der elterlichen Namen, als konzentrierten Heilwunsch für den Lebensweg: hieß das Elternpaar Hildebrand und Gertrud, so konnte also der Sohn den Namen Hildeger bekommen. Ein berühmtes Vorbild war also nicht üblich. Soziale Schichten der Namengebung gab es noch kaum. Mit der Einführung des Christentums und seinem Wirksamwerden seit der Zeit Kaiser Karls begannen langsam Fremdnamen aus dem Mittelmeerraum in die höheren Stände einzusickern, persönlich begünstigt auch durch die Heiratspolitik der Dynasten (byzantinische Prinzessin!). Aber erst im 15. Jahrhundert dringen die Fremdnamen, vor allem die Heiligennamen der Kirche, auch in den breiteren Volksschichten unaufhaltsam vor, bald im Volksmunde deutsche Gestalt annehmend (so Hans für Johannes, Koseform Hansel, Henning u. ä.), während von der großen Schar der ererbten altdeutschen Namen im wesentlichen nur die Namen der Kaiser, Könige und Landesfürsten sich hielten, allen voran Heinrich und Konrad (als „Hinz und Kunz" sogar sprichwörtlich geworden), landschaftlich auch Ludolf (Lüdeke, Dudo), Berthold (Betz, Benz) usw. oder (weiblich) Adelheit (Alheit, Aleke), Gertrud (Gese, Trude), Kunigunde (Künne) usw., mitunter freilich auch nur unter dem Schutz der Heiligsprechung (z.B. die heilige Hedwig, der heilige Adalbert, Albrecht).

Vorbild und Schutz der Heiligen waren nunmehr die Triebkräfte der Namengebung und dahinter stand die Macht der Kirche, die ja alle Gebiete des Lebens durchdrang und alle Lebensäußerungen formte. Mit der Reformation kam im 16. Jahrhundert das Zeitalter der biblisch-alttestamentlichen Namen; die mittel- und norddeutsche Namengebung nahm somit ein neues Gesicht an; in den führenden Schichten machte sich zugleich mit der Renaissance und dem Humanismus die Begeisterung für die Antike, für die römische Geschichte bemerkbar (daher Namen wie Julius und Augustus). Mit dem Dreißigjährigen Kriege kam durch Gustav Adolf, den Retter des Protestantismus, sowohl Gustav wie Adolf zu uns; und mit dem Barock und Rokoko öffneten sich die Tore der französischen und italienischen Kultur: und so wimmelt es bald von Henrietten, Karolinen, Wilhelminen usw., während das Bild der Männernamen im 18. Jahrhundert wesentlich vom Pietismus bestimmt wird: mit seiner Vorliebe für Gott, Christus, Friede, meist mit vorangesetztem Johann, so Gottlieb, Gottlob, Christian, Ehrenfried, Gottfried oder Satznamen wie Fürchtegott, Leberecht, Traugott. Im Hintergrunde freilich wurde in Adelskreisen hin und wieder auch die altdeutsche Tradition gepflegt (vgl. Wolfgang Helmhard Freiherr von Hohberg, 17. Jahrhundert, oder Helmold von Moltke, 17./18. Jahrhundert). Daneben hat zu allen Zeiten natürlich das Vorbild der Landesdynastien gewirkt, im 19. Jahrhundert nunmehr auch das Vorbild berühmter Träger überhaupt, so wenn Wolfgang durch Mozart und Goethe aus seiner landschaftlichen Abgeschiedenheit als bairischer Heiligenname (altdeutscher Herkunft) – St. Wolfgang-See! – zu neuem Leben erweckt und so der Allgemeinheit geläufig wurde.

Mit der Wende vom 18. zum 19. Jahrhundert trat als neuer tonangebender Machtfaktor die Literatur auf den Plan: schon um 1750 hatte sich der Import englischer Moderomane (besonders Fieldingscher sentimentaler Familien-und Liebesromane) sowie der französischen Aufklärungsliteratur moralischpädagogischer Art, voran die Romane Rousseaus, auf dessen Konto z.B. Eduard, Emil und Julie gehen, stark ausgewirkt; auch die Ossian-Schwärmerei, die z.B. Klopstock mitmachte, brachte uns Namen wie Oskar, Malvine, Selma, die ersten Shakespeare-Übersetzungen Edgar und Edmund, später (durch Walter Scott) auch Richard. Gegen 1800 sorgten im Gefolge von Goethes „Götz v. Berlichingen" und Schillers „Räubern" zahlreiche Ritter- und Räuberdramen und -romane für die Wiederbelebung altdeutscher ritterlicher Namen wie Adelheid, Adelbert, Mathilde, Kunigunde, Bertha, Clara, Berthold, Benno, Kuno, Hugo, Bruno; auch Schillers „Wilhelm Teil“ ist mit altdeutschen Namen (schweizerischer Tradition) an der Wiedereinführung ererbten Namengutes beteiligt, vgl. Walter (wie dann auch Goethes Enkel getauft wird!), Werner, Arnold, Rudolf, Ulrich, Konrad, Hedwig, Gertrud, Bertha, Armgard, Mechthild, Hildegard, Elsbeth und dergleichen. Die Jahre der Freiheitskriege 1813/15 und der Romantik förderten die Besinnung auf nationales Erbgut: so wurde Hermann (= Arminius der Befreier Germaniens von den Römern) zu einem Lieblingsnamen, und der Romantiker Achim von Arnim nannte seine Töchter Armgard und Gisela, seine Söhne Siegmund, Friedmund, Freimund, Kühnemund. Der Einfluß der vielgelesenen Schicksalsdramen um 1820/30 tat sich in ritterlichen Namen wie Hugo, Kurt, Agnes, Walther usw. kund; auch Emma und Bertha (Karls d. Gr. Tochter bzw. Mutter) erlebten im 19. Jahrhundert ihre Blütezeit. – Eine völlig neue machtvolle Quelle erschloß sich aber mit der Oper: so wurde mit dem Freischütztaumel Agathe beliebt, mit Meyerbeer: Robert (der Teufel, der Normannenherzog), mit Flotow: Alma, und dann besonders durch Richard Wagner: Senta (Fliegender Holländer), Elsa und Ortrud (Lohengrin), Eva (Meistersinger), Freya (Rheingold), Günther, Siegfried, Sieglinde (Nibelungen), Irene (Rienzi). Daneben war für die breite Masse die anspruchslose, oft seichte Unterhaltungsliteratur tonangebend, in erster Linie die Romane der Marlitt (d.i. Eugenie John) um 1860, so die „Gold-else“, und der Courths-Mahler. Exklusiv wirkt demgegenüber der seltsame Golo (Sohn Thomas Manns!) aus der Genoveva-Sage (behandelt von Hebbel, Schumann und 1902 von Debussy als Opernstoff).

Die wilhelminische Ära beschert uns dann u. a. die Willi's (englisch für Wilhelm) wie Sand am Meer, die Friedriche (Fritz) usw., auch Otto (nach Bismarck), Helmut (nach Moltke) usw., und ebenso läßt sich die Verehrung der Landesfürsten an den Vornamen ihrer Untertanen ablesen, daher in Mecklenburg die vielen Friedrich Franz, im welfischen Hannover-Braunschweig: Ernst August, im Königreich Sachsen: Albert und Moritz, im Königreich Bayern: Max und Ruprecht, im k. u. k. Österreich: Franz Joseph usw. Mit nordischen Einflüssen kommen um 1900 Helga (russ. Olga), Hertha, Gerda auf, auch Brigitte und Ingeborg, zu der in den zwanziger Jahren Ingrid und Sigrid treten, in den dreißiger Jahren auch Karin, dazu friesische Namen wie Elke, Silke und altdeutsch-romantische wie Ute und Eckehard oder Eckart.

Damit wäre der Anschluß an unsere Nachkriegszeit und ihre international geprägte, bunt zusammengewürfelte Namenwelt erreicht, die so recht ein Spiegelbild unseres Schicksals darstellt. Wie die Entwicklung weitergehen wird, wielange die Vorliebe für alles Ausländische und Fremdklingende, alles Gesuchte anhalten wird und das Interesse der jungen Generation fast ausschließlich von der Welt des Films bestimmt wird, das wird die Zukunft lehren.

Der Sinn dieses Büchleins aber wird sich erfüllen, wenn es liebenden Eltern die Namenwahl erleichtern und die Fülle des ererbten Namenschatzes zum Bewußtsein bringen sollte; vielleicht, daß es gelingt, „sein Kind mit einem wohlklingenden Namen zu adeln“ (wie Goethe einmal sagt), ohne ihn dem Ausland entleihen zu müssen!

A

Achim: = Joachim (siehe dort!), entstanden durch „deutsche" Betonung der 2. Silbe. Bekannt durch den Romantiker Achim von Arnim („Des Knaben Wunderhorn" 1805).

Ada: Kurzform zu Adelheid. Erst im 19. Jahrh. beim Adel aufkommend (vgl. Ada Freifrau v. Maltzahn 1854), so daß Richard Wagner (wie so oft) im Spiele sein dürfte, der in der Oper „Die Feen" 1833 eine Fee Ada auftreten läßt. – Aus der karoling. Buchmalerei ist ein Ada-Codex (um 800) berühmt, nach einer rhein. Heiligen.

Adalbert: (archaisch statt Adelbert!): Im Hintergrunde steht die hist. Gestalt des heil. Adalbert von Prag, Erzbischof und Märtyrer (erschlagen 997, als er die Preußen bekehren wollte), zu dessen Grab in Gnesen auch Kaiser Otto III. a. 1000 wallfahrtete; er war ein böhm. Fürstensohn, der eigtl. tschechisch Woitech (poln. Woycziech) hieß, aber den N. seines Pflegevaters A., Erzbischof zu Magdeburg, annahm. Bekannt war auch der Erzb. A. von Bremen, Vormund Kaiser Heinrichs IV. im 11. Jahrh. Die gesprochene Namensform ist seit dem Mittelalter Albert bzw. Albrecht (siehe dort!). Erst Ritterpoesie und Romantik haben um 1800 die konservierte germ. Vollform (vgl. in lat. Urkunden Adalbertus) hervorgeholt und im 19. Jahrh. als Nebenform eingebürgert; nach dem Vorgang von Goethe wurde A. als ritterlicher N. empfunden (vgl. A. v. Weisungen im „Götz v. Berlichingen" 1773), daher zuerst beim Adel: vgl. Adalbert Graf v. Baudissin 1820, Adelbert v. Chamisso (seit 1806), auch Adalbert Stifter 1805, A. Prinz v. Preußen usw.
Die verkehrte Betonung Adalbert zeigt, daß die Identität von Adal- und „Adel" im Volke nicht mehr empfunden wird!

Adam: hebr. „Mensch aus Erde". Als bibl. Name erst im Reformationsjahrhundert häufiger. Vgl. Adam Ries (Rechenmeister), Adam Puschmann (Meistersinger, Geselle bei Hans Sachs). Im 19. Jh.: Adam Müller-Guttenbrunn 1852.

Adelbert: siehe Adalbert!

Adeldag: siehe Oldag!

Adelward: siehe Alard!

Adele: hinter der frz. Frisur (Adèle) verbirgt sich eine germ. Adela, d.i. Adelheid (frz. Adelaide), vgl. die Tochter des Normannenkönigs Wilhelm (des Eroberers) namens Adela im 11. Jahrh., desgl. die Gattin Ottos v. Savoyen 1086, dann die Gattin König Ottokars von Böhmen im 13. Jahrh., die Markgräfin Adela von Thür. im 12. Jh. usw. Seit der Napoleonzeit bürgerte sich Adele im

19. Jh. bei uns ein: So hieß z. B. die Schwester des Philosophen Arthur Schopenhauer 1797. Eine zimperliche „Jungfer Adele“ hat uns Wilhelm Busch beschert. Vom Film bekannt ist Adele Sandrock.

Adelgund(e): selten gebraucht; häufiger waren Hildegunde und Kunigunde, weil diese literar. und dynastisch gestützt wurden; eine heil. A. war im Hennegau verehrt (gest. 684). gund meint „Kampf“.

Adelheid: „von adligem, edlem Wesen“, einer der ältesten und beliebtesten germ. Frauennamen, berühmt durch die Gattin Kaiser Ottos d. Gr., die heilig gesprochene Kaiserin A., gest. 999; vgl. den Roman von Gertrud Bäumer! Die volkstümliche Form des Mittelalters war Alheit (im Reineke Fuchs sogar Name der Gans), mit der ndd. Koseform Aleke (fries. Aaltje) bzw. Taleke; vgl. den Fam.N. Vernaleken, d.i. vrouen Aleken Sohn. In Schlesien war Alusch üblich, daher F. N. Alischer! Jahrhunderte lang war Adelheid außer Gebrauch; erst die Ritterdramen und -romane zu Ende des 18. Jahrh.s erweckten den N. zu neuem Leben (wie auch Adelbert!), vgl. Adelheid von Walldorf. Zur frz. Form Adelaide (von Orleans, Schwester König Ludwig Philipps) vgl. Beethovens gleichnamiges Lied 1796. Siehe auch unter Ada, Adele und Alice! Desgl. unter Heidi!

Adeline: so hieß z. B. Detlev von Liliencrons Mutter, auch eine Gräfin Rantzau und eine Schriftstellerin von Schlichtkrüll (1857 „Cordelia“).

Adolar: ein Produkt der literar. Ritterromantik um 1800, deren Vertreter W. Lindau 1802 mit einem Roman „Adolar“ aufwartete (germ. Adel-ar meint „edler Adler“). Geläufig wurde uns der N. durch Webers Oper „Euryanthe“ 1823, wo das Liebespaar Graf Adolar und Euryanthe heißt.

Adolf: bei den Westgoten hieß so der erste König: Atha-ulf, zu Ad- = Adel und wolf (als Begleiter Wodans, später nur noch als Ableitungssilbe empfunden). Seit dem Mittelalter ist Adolf traditionell bei den Grafen von Holstein, desgl. beliebt in Nassau. Als Vorname des 19. Jahrh.s erst mit der Verehrung des großen Schwedenkönigs Gustav Adolf, des Retters des Protestantismus im 30jähr. Kriege, aufgekommen, parallel zu Gustav! Durch Metathese entstand Adlof und Alef, Alf als ndd. Form, wie aus Rodolf: Rodlof und Rolof, Rolef, Rolf.
Aus der Neuzeit sind bekannt: Adolf Müllner 1774 (Schicksalsdramatiker), Adolf Glasbrenner 1810, Adolf Böttger 1815, Adolf Wilbrandt 1837, Adolf Hitler 1889. In Mecklenburg war dynastisch Adolf Friedrich üblich. Zur obd. Kurzform Dolf vgl. Dolf Sternberger, Journalist.

Adrian: eigtl. „Mann aus Adria“ bei Venedig (im Altertum berühmte Stadt, nach ihr das Adriatische Meer). Als kathol. Heiligenname nur im Westen (Rheinland, Schweiz, Flandern) gebräuchlich.
Uns geläufig durch den berühmten Clown Grock, eigtl. Dr. Adrian Wettach aus der Schweiz; auch Adrian Arx 1817 war Schweizer.

Aegidius, Egidius: als Heiligenname im Mittelalter beliebt, nach dem Einsiedler und Abt des 8. Jahrh.s in Südfrankreich (Kloster St. Gilles, Wallfahrtsort!), der zu den 14 Nothelfern zählte, d wurde zwischen den i-Vokalen moulliert zu l, Gidius also zu Gilius: Gilg, Gille(s), auch Ilg, vgl. ON. St. Ilgen. Im Frz. ist Gilles = „Hanswurst"; im Engl, ist „Jack and Gill" = „Hinz und Kunz". (aegis, griech. aigis ist bei Homer der Schild des Gottes Zeus: Bild der Wetterwolke).

Agathe: (griech. „die Gute") Die heil. Agatha, gest. als Märtyrin 251, war eine vornehme Griechin aus Sizilien. Im Mittelalter in der deutschbetonten Form Agthe üblich (so noch in Otto Ludwigs Novelle Maria), kontrahiert Aithe, daher der Familienname Eyth, Eitner.
Die Beliebtheit im 19. Jahrh. rührt von der Begeisterung her, die C. M. v. Weber mit der romant. Oper „Der Freischütz" seit 1821 entfachte.

Agnes: die heil. Agnes, um 300 Märtyrin in Rom (Sinnbild ist das Lamm, lat. agnus; also nicht griech. hagne „die Heilige"!). Im Mittelalter beliebt. Koseform Nese, auch Nethe (nach der Variante Agnete), vgl. Agnetendorf i. R., G. Hauptmanns letzter Wohnsitz. Aus der Geschichte bekannt sind A. v. Poitou (1043 Gattin Heinrichs III.), A. die sagenhafte Herzogin von Meran (1300, als „weiße Frau" der Plassenburg), A. Sorel (1450, Geliebte Karls VII. von Frankreich). Agnetentag ist der 21. Januar. Aber als Modename des 19. Jahrh. in protestantischen Kreisen ist Agnes literarisch bedingt: es ist die Gestalt der A. Bernauerin, der schönen Baderstochter aus Augsburg und Geliebten Herzog Albrechts III. v. Bayern (1453 in der Donau ertränkt und in vielen Liedern besungen), um 1780/1800 durch verschiedene Ritter- und Schicksalsdramen dem Leserpublikum bekannt geworden (Törring, Müllner, Kleist), auch durch Hebbels (u. Otto Ludwigs) dramatische Behandlung 1852. Vgl. Agnes Miegel 1879: „Schön Agnete"; Agnes Günther 1873: „Die Heilige und ihr Narr".

Aida: seit Verdis gleichnamiger Oper (wo Aida eine ägyptische Sklavin) vereinzelt als Vorname anzutreffen.

Akelei: die beliebte Glockenblume (heute vereinzelt als Mädchenname).

Alard: vereinzelt modisch bedingt; urspr. Adelhard bzw. Adelward, beides Namen von Heiligen, vgl. Abt Adelhard von Corvey und Bischof Adelward von Verden im 9./10. Jahrh. Daher norddt. Familiennamen wie Ahlward, Ahlers u. ä.

Alban: kath. Heiligenname (eigentlich Albanus = „aus Alba" in Italien). Der hl. Albanus von Mainz starb als Märtyrer Anno 406 bei der Eroberung der Stadt durch die Germanen; dort das Albans-Kloster. Als Vorname durch den kath. Volksschriftsteller Alban Stolz in Aufnahme gekommen; vgl. auch Alban Berg, Opernkomponist („Lulu" 1934).

Albert: siehe Albrecht!

Alberta: vereinzelt im vorigen Jahrh. wie Augusta, Ernesta, Paula, lauter Feminina von Männernamen. Vgl. Alberta von Puttkamer, geb. Weise (Dichterin, 1849).

Albin: Heiligenname (zu lat. albus „weiß"). Fischart nennt den März „Albin-Monat". Albin Egger-Lienz, Maler, † 1926.

Albrecht, Albert: verschliffen aus germanisch-ahd. Adal-behrt („durch Adel glänzend, berühmt"), siehe auch unter A d a l b e r t !
Einer der beliebtesten Adelsnamen des Mittelalters, berühmt z. B. durch Albrecht den Bären (Brandenburg), Kardinal Albrecht von Brandenburg (Luthers Feind), Albrecht Dürer, Albrecht Altdorfer; aus der mhd. Zeit vgl. die Dichter A. von Johannsdorf, A. von Scharfenberg u. a. In latinisierter Form bei Albertus Magnus, dem großen Gelehrten (13. Jahrh.). A l b e r t war im Unterschiede zum mittel- und oberdt. Albrecht im niederdt. Raume gebräuchlich (daher dort der Familienname Albers.) Vgl. niederdt. rom. Robert und süddt. Ruprecht. In unseren Tagen beruht der Vorname Albert auf dynast. Vorbildern, vgl. König Albert von Sachsen, König Albert von Belgien. Ein Albert Methfessel (Thür.) gab 1818 das Kommersbuch heraus.
In Familiennamen ist Albrecht in ostmitteldt.-schles. Munde zu Olbrich(t) und Ulbrich(t) verdunkelt worden; auch die Koseform Apetz, heute Opitz, gehört urkundl. als sächs.-schlesisch hierher.

Alex(ander): griech. „männerabwehrend". Berühmt durch A. den Großen, den Eroberer des Orients, und damals schon durch den Hellenismus verbreitet, auch bei Juden (die ihn noch heute als Familiennamen tragen). Im Mittelalter auch Papstname. Bei uns erst seit dem 18. Jahrh. als Vorname aufgekommen, zunächst in gebildeten Kreisen: Alexander von Humboldt 1769, Alexander und Cäsar (!) von Lengerke 1802/03, Brüder!
Zur Zeit der Freiheitskriege von 1813/15 wirkte nachweislich auch der Zar Alexander, der Verbündete Preußens, namengebend, begeistert empfohlen z. B. von Beneken 1816 („Teuto" S. 11: „Deutsche! Ein zweiter Gustav Adolph erhob sich siegreich kämpfend für eure Befreiung ... darum möge sein Name Empfindungen erneuern, wie wir sie bisher bei G. A.s Namen fühlten!") Daher z. B. 1814 Alexander Baumann, 1816 Alexander Rost usw. Familiennamen Sander(s), Zander(s).
Obd. L e x , Lexl statt Alex (nebst Familienname Lexer) gehört zu dem volkstüml. Heiligen Alexius (6. Jahrh.), der nach der Legende unerkannt als Bettler im Hause seines reichen Vaters lebte.

Alexandra: erst im 19. Jahrh. zu Alexander neugebildet. Bekannt geworden durch Alexandra, die Gattin des letzten Zaren Nikolaus II., eine geborene Deutsche: Tochter Ludwigs IV. von Hessen (ermordet 1918). Vgl. auch Alexandrine, Großherzogin v. Mecklenburg. Siehe J o s e p h i n e !

Alf: siehe A d o l f !

Alfons: spanisch-kastilischer Königsname germ.-westgotischen Ursprungs: Adal-funs meint „edel und kampfbereit", vgl. (H)ildefons. Als Vorname bei uns erst im 19. Jahrh. im kath. Süden aufgekommen, wohl auch auf dem Wege über Frankreich, wo der Name schon früher verbreitet war: vgl. Alphonse Daudet (klass. Dichter) und das Lustspiel „Alphonse" von Alex. Dumas jr.

Alfred: berühmter angelsächs. Königsname durch Alfred den Großen um 900. Die germ. Form wäre Alb-rat, zu alb, alf = Albe, Elfe (Naturgottheit), vgl. den Hüter des Nibelungenhortes, Zwergenkönig Alberich: frz. Auberon, Oberon (Wieland!). Koseform ist Fred (vgl. auch Manfred). Als Vorname bei uns erst im 19. Jahrh. eingebürgert (wie Richard, Edward u. ä. engl. Königsnamen), seitdem um 1800 mit der „Entdeckung" Shakespeares und der Übersetzung seiner Königsdramen das Interesse für den angelsächs. Nachbarn erwacht war. Bekannt sind: Alfred Rethel, der Totentanzmaler; A. Krupp in Essen, A. Brehm (Zoologe); A. Biese (Literaturhistoriker); A. Brauchle (Naturarzt).

Alice: Unter den altgermanisch-normannischen Frauennamen, die vor 900 Jahren mit Wilhelm dem Eroberer von Nordfrankreich nach England kamen, spielte Adelheid eine besondere Rolle; Koseformen dazu waren Adela und Adeliza (auch 2 Töchter Wilhelms hießen so); während Adela übers Französische als Adèle fortlebt (vgl. Jungfer Adele bei Wilhelm Busch), ist Adeliza über altfrz. Aelis zur engl. Alice geworden, die seit dem 19. Jahrh. auch in Deutschland (durch Literatur und Bühne) Bürgerrecht gewonnen hat. Das vielgelesene engl. Kinderbuch „Alice im Wunderland" (um 1865) muß dazu beigetragen haben. Siehe auch unter Ada und Heidi!

Alma: lat. „die Nährende, Segenspendende, Fruchtbare", daher bei den Römern alma Ceres (Vergil) und alma Venus (Horaz). Vgl. alma mater „Nährmutter" = Universität. Als Vorname um 1800 aus Spanien über die Bühne zu uns gelangt und besonders durch Flotows Oper „Alma" 1843 seiner Zeit beliebt geworden (vorher hatte schon Romberg 1810 eine Oper „A." komponiert). Auch Goethes Enkelin wurde 1827 Alma getauft! Einen Roman „A." schrieb 1848 Therese von Bacheracht. Auch Almita!

Almuth: in Friesland, Dithmarschen und Holstein gebräuchlicher germanischer Frauenname, altsächs. Almod aus Adalmod wie Albert aus Adalbert; „von edler Gesinnung". Vgl. auch Alheit (niederdt.) für Adelheid.
Almuth Reimpell (Lübeck).

Alois: entsprechend seiner spanisch-ital. Herkunft ist A. als kath. Heiligenname ausschließlich in Süddeutschland, bes. in Bayern, gebräuchlich, – importiert erst im 18. Jahrh. seit der Heiligsprechung 1726, ähnlich wie die neuzeitlichen Franz Xaver, Joseph, Ignaz, u. ä., in deren Aufkommen sich nicht zuletzt das Wirken des Jesuitenordens spiegelt! Koseform (bayr.) ist Loisl. Zur weibl. Form vgl. Aloysia oder Lola Kirschner, Schriftst. (1854 Prag).

Alwin: von der Ritterpoesie und Romantik um 1800 hervorgeholter Name germ. Herkunft (Adal-win = „edler Freund"), vgl. des Romantikers Baron Fouquet Roman „Alwin" 1806 (er wählte auch „Sigurd" und „Thiudolf" u. ä. germ.-nord. Namen als Titel seiner Romane, desgl. „Undine").
Vgl. Alwin Schockemöhle! Ein Theodor Alwin Herrmann (Dichter) 1848.

Alwine: Im 19. Jh. gebräuchl. Neubildung zu Alwin (Vgl. Malwine, Erwine, Goswine).

Amadeus: „Gottlieb". Üblich im Hause Savoyen. Bekannt durch Mozart und durch E. Th. A. Hoffmann.

Amalie, Malchen: Modename des 18. Jahrh. mit romanisch-ital. Endung wie Rosalie, Natalie, Eulalia, berühmt aus dem Weimarer Goethekreis durch die Herzogin Anna Amalia (Mutter des Herzogs Karl August und Nichte Friedrichs des Großen), an deren Hofe auch Anna Amalie Freiin von Imhoff und Amalie Kotzebue lebten. Auch eine Schwester Friedrichs des Großen, Äbtissin von Quedlinburg, hieß A. (geb. 1723), desgl. eine Enkelin Wilhelms von Oranien, Amalie Elisabeth, geb. 1602 – das früheste Beispiel! Literar. begegnet in Schillers „Räubern" 1780 eine Amalie von Edelreich und in Kortüms „Jobsiade" 1799 eine Jungfer Amalie Ripsraps. siehe auch unter Amelie! Die Herzogin Anna Amalia unterschrieb ihre Briefe oft „Amelie".
Vom Adel drang der Name dann im 19. Jahrh. auch in bürgerliche Kreise: Bekannt sind Amalie Sieveking, A. Dietrich, A. Dinklage, A. Schoppe.

Amanda: um 1800 Mode geworden und durchs 19. Jahrh. beliebt gewesen. Einen Roman „Amanda und Eduard" schrieb 1803 Sophie Brentano, „Odo und Amande" um 1820 Frdr. Jacobs.

Amandus: lat. „liebenswert". Der hl. Amandus war Bischof von Maastricht, gest. 680; ist Apostel der Niederlande und Flanderns, daher dort beliebter Vorname. Jean Paul verwendet ihn im „Hesperus".

Ambrosius: griech.-lat. „unsterblich, göttlich". Bischof von Mailand († 397), Lehrer des hl. Augustinus. Koseformen Bros, Brösel; Familienname Broschek. Ambrosius Lobwasser, Psalmenübersetzer 1515.

Amelie: frz. Amélie, ist Variante zu der jüngeren Form Amalie, vgl. Tante Amelie (zur Franzosenzeit um 1812) in Fontanes Roman „Vor dem Sturm" (1880), und das heutige Bühnenstück „Nimm dich in acht, Amelie!" Ital. ist Amelia, vgl. „Amelia geht zum Ball", kom. Oper von Menotti 1936 und das Liebespaar Amelia und Graf Richard in Verdis „Maskenball". Der Name ist literarischen Ursprungs (überliefert durch die Adelskreise des 15./16. Jahrh.) und geht zurück auf die höfische Dichtung „Wilhelm von Orlens" des Rudolf von Ems (13. Jahrh.) nach nordfrz. Quelle: die Liebesgeschichte zwischen dem jugendl. Herzog W. (dem Normannen) und der Prinzessin Amelie am engl. Königshofe, die noch im 16. Jahrh. gern gelesen wurde: vgl. Hans Sachs „W. v. O. und seine Amaley" 1559; auch in J. Wickrams Roman „Von guten und bösen Nachbarn" 1556, der in Lissabon spielt, begegnet diese Amelia. Mehrere Gräfinnen dieses Namens im 15. und 16. Jahrh. (vom Rhein bis Thür., Kärnten und Pommern) bestätigen den literar. Ursprung. Hinter der frz. Frisur verbirgt sich die germ. Kurzform Amala zu Namen wie Amalaberga, -frida, -swintha, alle im ostgot. Herrschergeschlecht der Amaler (Amelungen) als Verwandte Theoderichs des Großen bezeugt.
Eine Amalaberga oder Amala begegnet um 800 als brabant.-flandr. Fürstentochter (später heilig gespr.), eine Amalia im 8. Jahrh. in Nordfrankreich; eine Amallindis gleichzeitig im Elsaß, eine Amelgart im Dietrichepos um 1200. Vgl.

auch Amelrich (Gotenkönig) im Nibelungenlied (Familienname Emelrich, Ehmke).

Anastasia: kath. Heilige. Koseform oberbayr. Stasi. Bekannt durch die Zarentochter Anastasia! Russ. Koseform Nastenka. „Die Auferstandene". Anastasius ist Heil.- u. Papstname. Fam.N. Stass(en).

Andrea: heute weibl. Modename (Ableitung von Andreas ,s. dort!). Andrea von Harbou.

Andreas: heute auffallend in Mode nebst der weibl. Neubildung Andrea. Apostelname, wie Philippus griech.-hellenistischer Herkunft, wörtl. „der Mannhafte". Als Heiliger besonders in Rußland hochverehrt (vgl. den russ. Andreas-Orden), desgl. in Schottland („Schotten heißen Andres" sagt schon Fischart), in Ungarn (dort auch Königsname!) usw. In Süddeutschland oft Kirchenpatron. In mannigfachen Familiennamen fortlebend: Anders, Enders, oberdt. Anderl, Enderle, niederdt. Drewes, rhein. Drees(en), ostdt. Jander, poln., böhm. Ondra, Wondra, Vandrey, eingedeutscht Wanderschek, ostpr.-lit. Endruscheit; ungar. Andrassy, Andy; engl. Andrew und Dandy. Namensträger: Andreas Gryphius, Andreas Hofer.

Angelika, auch **Angela, Angelina**: „die Engelgleiche" (zu griech. angelos = Bote, lat. angelus „Engel").
Erst in unseren Tagen zum Modenamen geworden, beheimatet im kath.-romanischen Italien. Aus der ital. Renaissancewelt hat Conrad Ferd. Meyer seine „Angela Borgia" herübergeholt 1891.
Eine Angelika Kauffmann (1741, Malerin) war Goethes Freundin in Rom, eine Angelika von Hörmann (geb. Geiger, 1843 Innsbruck) war Dichterin.

Anita: spanisch-ital. Form des Heiligennamens Anna, mit derselben Endung wie spanisch Juanita (Johanna), Benita (Benedicta), Elenita (Helena), Marita, Rosita, Lolita usw. vgl. auch Señorita!.

Anje, Anja: Koseform zu Anna. Vgl. W. Bonsels Roman „Das Anjekind"; Anja Silja, Wagnersängerin. Anke: siehe Anna!

Anna: im Mittelalter wurde der Name aus ehrfürchtiger Scheu vor der Mutter der hl. Maria, der „Großmutter Gottes", gemieden. Erst gegen 1500, nachdem Papst Sixtus IV. die Lehre von der sündlosen Geburt der Maria empfohlen hatte, nahm auch der Annenkultus den größten Aufschwung: selbst Luther bekannte noch „St. Anna war mein Abgott", – „Hilf, liebe St. Anna, ich will ein Mönch werden!" rief er 1505 in Todesgefahr. Infolge seines späten Aufkommens konnte A. (wie auch Maria) keine Familiennamen mehr bilden.
Bekannte Koseformen sind: Anni, Anne, oberdt. Annele, Annerl, niederdt. Ännchen, niederdt.-fries. Anke und Antje (heute Mode); ital. Annina, span.-ital. Anita, franz. Annette, poln. Anuschka.
Aus dem Volkslied ist „Ännchen (Anke) von Tharau" bekannt (v. Simon Dach, um 1650 gedichtet); Cl. Brentano schrieb die „Geschichte vom braven Kasperl

und dem schönen Annerl" 1838. Annette ist uns durch die Dichterin v. Droste-Hülshoff (kath.) geläufig; schon Goethe verwandte diese Form für einen Liederzyklus 1767.
Aus der Geschichte kennen wir Anna Boleyn 1507, Gattin des Blaubarts Heinrich VIII. von England (dramat. oft behandelt). Beliebt sind die Verbindungen mit Maria (Annemarie), mit Elisabeth (Anneliese, auch für Anna Luise), mit Katharina (Anne Katrin), mit Barbara (Annebäbe, Schweiz.) u. ä.

Annekathrein: = Anna Katharina; heutiger Modename oberdeutscher Form.

Anneliese: um die Jahrhundertwende beliebter Doppelname statt Anna-Elisabeth (bzw. Anna Luise) wie Marlies statt Maria Elisabeth.

Annemarie: um die Jahrhundertwende (wie Anneliese) volkstümlicher Doppelname statt Anna-Maria; begünstigt durch das Soldatenlied „Im Feldquartier auf hartem Stein".

Annette: frz. Koseform von Anna, zur Goethezeit Mode. Vgl. Goethes Liederzyklus „Annette" 1767 und die Dichterin A. Freiin von Droste-Hülshoff.

Anselm: eigentlich Ans-helm (Ansen waren germ. Halbgötter), germ.-langobardischer Name, berühmt geworden durch den hl. Anselm v. Canterbury, den kath. Theologen des Mittelalters. Koseform Ensslin, Enssle. Als (kath.) Vorname uns nur durch den Maler des 19. Jahrh., Anselm Feuerbach, geb. 1829 in Speyer, geläufig.

Ansgar: nur kath., nach dem heil. A. von Bremen († 865), – siehe Oskar!

Antje: friesisch für Anke, Koseform zu Anna.

Anton: kath. Vorname nach dem hl. A. von Padua (13. Jahrh., eigtl. Ferdinand, geb. in Lissabon), der sich seinerseits nach dem Vater des Mönchtums, dem ägypt. Einsiedler Antonius, nannte, der seit den Kreuzzügen große Verehrung genoß, als Patron der Bauern, Haustiere und bes. der Schweine. Koseform Toni, rheinisch „Tünnes"! Über den volkstümlichen A. von Padua heißt es bei Wilhelm Busch: „Er las bei seinem Heiligenschein oft tief bis in die Nacht hinein". Aus der röm. Geschichte ist bekannt der Staatsmann Marcus Antonius, durch seine (und Cäsars) Geliebte Kleopatra. In den Hugenottenkriegen war Anton von Bourbon 1562 Führer des kath. Heeres.
Uns geläufig ist der Name durch den Komponisten Anton Bruckner, 1824–96. Ein Anton Wohlfahrt ist Romanfigur in G. Freytags „Soll und Haben" 1855. Österreicher sind die Dichter Anton Schlosser 1801 und Anton Schott 1866.

Antonie: Antonia war altröm. Frauenname (Tochter des Antonius, Tochter des Kaisers Claudius usw.). Als Vorname erst im 18. Jahrh. auftauchend, so im kath. Österreich mit der Schauspielerin Antonie Adamberger, geb. 1790, Theodor Körners Braut, genannt Toni. In dieser Koseform begegnet der Name auch in den „Buddenbrooks" von Thomas Mann 1901.

Mit franz. Rokokofrisur ist der Name berühmt geworden durch Königin Marie Antoinette (Tochter der Kaiserin Maria Theresia, Gattin Ludwigs des XVI., enthauptet als Gegnerin der frz. Revolution 1793).

Aribert: romanische Form für germ. Haribert: Herbert. Spielt als Name eines Erzbischofs von Mailand (!) im 11. Jahrh. eine Rolle, im Kampfe mit Kaiser Konrad II. Uns durch den Schauspieler Aribert Wäscher geläufig.

Armgard: von Schiller im „Wilhelm Tell" neben Hildegard, Hedwig, Mechthild, Bertha als altdeutscher adliger Frauenname verwendet, statt der sonst gebräuchlichen Form Irmgard, Ermgard. Irmin war der Beiname des höchsten Germanengottes Tiu im Sinne von „gewaltig groß". Auch der Romantiker Achim von Arnim nannte 1822 seine Töchter Armgard und Gisela. Name einer Grafentochter ist A. auch in Fontanes „Stechlin" 1899.

Armin: als Vorname kaum noch gebräuchlicher Name des Arminius (lat.), des Befreiers Germaniens von den Römern durch die Schlacht im Teutoburger Wald anno 9 n. Chr., später fälschlich Hermann genannt. Vgl. Armin Tille, Historiker, Armin Hary, Schnelläufer.

Arno: gehört als Kurzform auch zu germ. Arnulf, ist jedenfalls wie dies in Bayern bei den Wittelsbachern beheimatet: vgl. Bischof Arno von Salzburg um 800, Gerhoch und Arno v. Reichersperg um 1150 (Bayern), Kaiser Arnulf v. Kärnten um 900, Arnulf v. Bayern. Vereinzelt im 19./20. Jahrh. Mode: Arno Holz 1863, Arno Breker. Arne ist dän. Form.

Arnold: eigentlich Arn-walt, germ., „wie ein Aar oder Adler waltend". Niederdt.-fries. Arnd, Ahrend (vgl. Arend Dreesen, fries. Dichter um 1900; Ernst Moritz Arndt usw.), andererseits Nolde, Nöldecke: vgl. Arnd der Kinder = Nolte d. K. 1555/64 in Anklam. Ein heilig gesprochener A. war Lautenspieler am Hofe Karls d. Großen. Im 19. Jahrh. beliebt seit der Wiederbelebung durch Ritterdichtung und Romantik, z. B. durch Schillers „Wilhelm Teil" und Rossinis „Guillaume Tell" 1829. Vgl. Arnold Böcklin, Maler 1827, Karl Arnold Schlönbach 1817. Auch die literar. Behandlung des Schweizer Freiheitshelden Arnold Winkelried (gef. 1386 bei Sempach) hat zweifellos zur Beliebtheit beigetragen (so wiederholt in Dramen: 1792, 1810, 1861, 1864, 1883, 1905). Gleiches gilt von Arnold v. Brescia (gest. als Ketzer 1155), dramatisch behandelt 1775, 1867, 1876, 1889, 1892.

Arthur: stammt aus der keltisch-bretonischen Artus-Sage, die einen mythischen kelt. Nationalhelden (lat. Arturus, altfrz. Arturs) verherrlichte und in Verbindung mit der Grals-Sage und der Parzival-Sage den höfischen Dichtern des deutschen Mittelalters, bes. Wolfram von Eschenbach, bekannt wurde (König Artus' Tafelrunde!). Als Vorname bei uns erst durch Richard Wagner (Parzival) um die Mitte des vorigen Jahrh. eingebürgert: vgl. Arthur Gundaccar Frhr. von Suttner 1850, Arthur Gutheil 1863, Arthur Pfungst 1864, A. Schnitzler 1892. Arthur Schopenhauer (Philosoph) wurde 1788 in Danzig geboren, wo ein „Artushof" bestand! Auch der engl. Feldherr Wellington 1813 hieß Arthur.

Arwed: vereinzelt aus Schweden importiert.

Asmus: = Erasmus (griech. „liebenswert"). Als Heiligenname im 15./16. Jahrh. beliebt gewesen, vgl. den Humanisten Erasmus von Rotterdam! Ein bekannter Maler des 18. Jahrh. war Asmus Carstens. Als Pseudonym wählte „Asmus" der „Wandsbeker Bote": Matthias Claudius 1775 ff.

Astrid: ist wie Ingrid und Sigrid jüngst aus Schweden importierter Modename, uns geläufig durch die Königin Astrid von Belgien, gebürtige Schwedin, und ihre gleichnamige Enkelin (geb. 1962). A. ist ursprünglich Walkürenname (rid meint „Reiterin", ast: anst „Gunst"). Kurzform ist Asta, bekannt durch Asta Nielsen, Schauspielerin der Stummfilmzeit. Eine Astrid auch schon 1392 in Barth/Stralsund!

Attila: „Väterchen" (zu got. atta „Vater), mhd. Etzel, der Hunnenkönig im Nibelungenlied. Vgl. Attila Hörbiger, Schauspieler.

August: dem ganzen Mittelalter fremd, erst im 16. Jahrh. mit dem Humanismus und seiner Vorliebe für Namen aus der altröm. Geschichte (vgl. auch Julius!) aufgekommen, und zwar auf dynastischem Wege: erstmalig 1526 bei den Wettinern nachweisbar, dort (in Sachsen und Thüringen) besonders im 18. Jahrh. sehr beliebt. Augustus („der Erhabene") war im alten Rom der ehrende Beiname des ersten Kaisers Oktavianus, gest. 14 n. Chr., bekannt auch aus dem Weihnachts-Evangelium.
Aus den Fürsten- und Adelsgeschlechtern drang August bald auch in bürgerliche Familien und war noch gegen Ende des 19. Jahrh. in protestant. Ländern gang und gäbe. Die Häufigkeit des Namens führte dann zur Entwertung in der Figur des „dummen August", erstmalig 1864 im englischen Zirkus Bellings als Clown nachweisbar.
Namenträger: Kurfürst „Vater" August v. Sachsen (1526–1586), König August der Starke v. Sachsen-Polen 1697, August Herzog v. Sachsen-Gotha 1772, August Wilhelm Iffland 1759, August Kotzebue (1761, Weimar!), August Graf Platen. August Kopisch; auch Goethe nannte 1789 seinen Sohn August, wohl nach dem Weimarer Herzog Karl August 1757; nach diesem auch deutlich: Karl August Böttiger (1760 Vogtland), K. A. Förster (1784 Naumburg).

Auguste: im 18. Jahrh. (besonders im Weimarer Kreise) aufgekommen und beliebt gewesen, ebenso wie August (siehe dort!).
Vgl. Auguste Gräfin Stolberg (1753, Briefwechsel mit Goethe!) und die Gustel aus Blasewitz in „Wallensteins Lager" von Schiller. Auch Kaiserin Augusta war eine weimar. Prinzessin. Nicht zuletzt fand der Name durch Kaiserin Auguste Viktoria eine Stütze. Als Koseform begegnet auch Guschi.

Augustin: berühmter Kirchenvater († 430), Sohn der hl. Monika. Beliebt im 15./16. Jahrh. Daher Familiennamen Austen und Stinnes. Augustin Wibbelt (1862), plattdt. Dichter. Volkstümlich: „Ach du lieber Augustin". (Dieser gilt als Verkörperung des Wiener Volkshumors.)

Aurelia: zum altröm. Geschlechtsnamen Aurelius, bekannt durch Kaiser Mark Aurel (stoischer Philosoph). Als Vorname begegnet Aurelia (wie auch Natalie) in Goethes Roman „Wilhelm Meisters Lehrjahre" 1795, offenbar von der italienischen Reise mitgebracht.

Axel: im 19. Jahrh. aus Schweden importiert seit dem Interesse für skand. Literatur um 1880/90 und für schwed.-dt. Geschichte. Berühmt durch Gustav Adolfs Kanzler, Graf Axel Oxenstierna, im Dreißigjährigen Kriege. Axel ist schwed. Kurzform für Absalom, so hieß z. B. ein Erzbischof von Lund um 1200 Absalom oder Axel (eigentlich Absei, Apsel); auch im deutschen Mittelalter begegnet der alttestamentliche Name bei Laien und Klerikern. Nach II. Sam. 14, 25; 18, 9 war Absalom, Sohn König Davids, der schönste Mann in Israel, dem seine Locken zum Verhängnis wurden, indem er mit ihnen an einer Eiche hängen blieb. Bekannt sind uns: Axel Munthe (schwed. Arzt) und Axel von Ambesser.

B

Babette: französ. Form für B a r b a r a, vgl. engl. Bab, Baby. Zur Endung vgl. Susette, A n n e t t e, Henriette, Jette. Um die Jahrhundertwende beliebter Name der Rokokozeit.

Balduin: germ. bald meint „kühn", wini „Freund" (wie in Alwin, Erwin, u. ä.). Schon Joh. Fischart im 16. Jahrh. wußte: „Flemming heißen Baldwin"; Balduin war Leitname bei den Grafen von Flandern, die in ununterbrochener Folge so hießen (z. B. auch der Bruder Gottfrieds von Bouillon, des Kreuzzugsritters). Daher noch heute in franz. Flandern: Baudouin, bekannt durch den König von Belgien. Niederld. ist Boudewijn, Bauwen; zur niederdt. Form Boldewin gehören Familiennamen wie Boldt, Bolte, zur niederdt. Koseform Bole: Bahleke, Bahlmann, auch Bölcke und fries. Baacke.
In der niederdt. Tierfabel ist Balduin Name des Esels; vgl. bei Wilhelm Busch: Balduin Bählamm! Als Vorname 1825 beim Schriftsteller Balduin Möllhausen aus Bonn (!) und 1840 beim Pastor B. Fischer (Liegnitz).

Baldur: der nordische Gott des Lichtes; vgl. ags. bealdor „Fürst". Zuweilen noch Vorname in Adelskreisen, vgl. Baldur von Schirach!

Balthasar: heute außer Gebrauch, aber bekannt durch die hl. 3 Könige (Kaspar, Melchior und Balthasar) und durch den berühmten Barock-Baumeister Balthasar Neumann (1687–1753). Vgl. Familienname Baltzer! Wörtl. Bedeutung: „Gott schütze sein Leben!" (chaldäisch Belsazer, wie Daniel genannt wurde). Vgl. Daniel 1, V. 7.

Barbara, Bärbel: nach der Legende war Barbara eine Märtyrin des 3. Jahrh. in Nikomedien, ihres christl. Glaubens wegen vom eigenen Vater enthauptet. Vgl. Franz Werfels Roman „Barbara oder die Frömmigkeit". Die hl. Barbara zählt zu den 14 Nothelfern und ist Schutzheilige der Bergleute und besonders der Artillerie (auf frz. Kriegsschiffen heißt die Munitionskammer noch heute St. Barbe). Am Barbara-Tag (4. Dezember) schneidet man frisches Grün („Barbara-Zweige") für Weihnachten. Heute ist der Name auch in evang. Kreisen beliebt, mit der Koseform B ä r b e l (schon in Goethes „Faust" heißt es: „Hast nichts vom Bärbelchen gehört?").
Der Name ist griech. Ursprungs, wörtlich „Barbarin" im Sinne von „nicht griech. sprechende Ausländerin"; barbaros meinte den Gegensatz (bes. der verhaßten Perser) zur hellenischen Kultur, wie später im Munde der Römer den Gegensatz (der Gallier und Germanen) zur röm. Kultur.

Bartholomäus: „Sohn des Tholmai" (aram.), Patron der Winzer, daher die Redensart: „Er weiß, wo B a r t h e l den Most holt" (schon in Grimmelshausens

„Simplizissimus"). Familiennamen Bartsch und Mewes. Bartholomäus Ringwaldt 1530, Kirchenlieddichter.

Beate: weibl. Form zu lat. beatus „glückselig", als Kurzform für Beatrix (ital. Beatrice) gebraucht. Beatrix hieß die Gemahlin Friedrich Barbarossas (12. Jahrh.), auch Ottos IV., Ludwigs des Bayern usw., es war also ein ausgesprochen vornehmer Name (romanischer Herkunft). Beatrice ist bekannt als Jugendfreundin Dantes, in der „Göttlichen Komödie" als „Beata Beatrice" verklärt. In Italien daheim ist auch die Beatrice in Schillers „Braut von Messina".
Aus unseren Tagen sei an die niederländ. Prinzessin Beatrix erinnert. Eine Pietistin war Beate Paulus. Einen Roman „Beate und Mareile" schrieb 1902 Ed. Graf Keyserling.

Beatrice, Beatrix: siehe Beate!

Belinde: modisch, wohl nach der Filmschauspielerin Belinda Lee. Eine Tragödie „Belinde" schrieb 1912 Herbert Eulenberg (Schillerpreis). Zur Endung vgl. Lucinde.

Benedikt(us): zu lat. bene-dicere „segnen", also der Gesegnete, Gebenedeite! Ital. Benedetto und Benito (Mussolini), frz. Benoit, engl. Bennet (Abt Bennet 690), slaw. Benesch (Familienname Bähnisch), schwed. Bengt (Bengt Berg). Geht zurück auf den hl. Benedikt von Nursia, den Vater des abendländischen Mönchtums, der 528 den Benediktiner-Orden gründete. Vgl. auch Familienname Bendix und Dix, sowie Bähnisch (ostdt., mit slaw. Suffix Benisch Lauring 1532 Neustadt/ OS. – Baruch Spinoza (jüd. Philosoph) nannte sich nach der Taufe Benedikt, da Baruch = „gesegnet".

Benjamin: jüngster Sohn des Patriarchen Jakob, hebr. „Glückskind". Als christl. Taufname erst mit dem Pietismus aufgekommen: Benjamin Schmolck 1697, Kirchenlieddichter; Benjamin Vautier, Schweizer Maler der Biedermeierzeit (Pfarrerssohn!).

Benno: der Form nach niederdt.-friesisch statt Berno, d.i. Bernhard, wie Anno für Arno (Arnold). Urkundlich bezeugt ist Benno als Kosename für Herzog Bernhard (Niedersachsen) im 11. Jahrh. Der Gegenwart erst seit den Tagen der Romantik bzw. der Ritterpoesie um 1800 geläufig als Vertreter der deutschen Vorzeit wie Kuno, Hugo, Otto. Noch 1819 verwendete ihn Uhland in einem Ritterdrama, 1831 auch H. A. Müller in „Benno v. Rabeneck".

Bernhard: kontrahiert (niederdt.) Bernd, fries. Benno (siehe dort!) wie Onno, Anno für Arno zu germ. bern- „Bär" (nord. björn), dem Sinnbild der Stärke in germ. Namen, und germ. hard- „kühn". Auch die Koseform Betz, obd. Petz wird für den Bär gebraucht: Meister Petz. Urkundlich begegnet 1388 in Schweinfurt ein Bernhard Rücker auch als Betz Rücker (auch Rückert war übrigens Schweinfurter). Berühmt ist der hl. Bernhard von Clairvaux (Cistercienser), gest. 1153. Auch dynastische Pflege begünstigte den Namen: vgl. Herzog Bernhard von Sachsen, den Sieger von Lützen 1632. Seit der Romantik wieder

gebräuchlich. Die niederdt.-niederld. Form Ber(e)nd ergab den Familiennamen Behrens, wie Ar(e)nd (Arndt): Ahrens (= Arnold).
Niederdt. Koseform ist Beneke, obd. Benz.
Vgl. Bernhard Dörries, Künstler. Bernh. Kellermann, Schriftsteller.

Bert(h)a: zu germ.-altdt. berht „glänzend, berühmt". Uralter germ. Kurzname, der durch Karls d. Gr. Mutter (Berhta „die Spinnerin") fast mythischen Klang hat; „die Zeiten, wo Berta spann, sind nicht mehr", sagt einmal Bismarck. Im Mittelalter nicht sehr häufig (eine Bäuerin Berchtel bei Neidhart, in niederdt. Form auch Berteke), und doch um 1300 schon abgegriffen, so daß bei Dante „Berta und Martin" für „Hans und Grete" steht. Erst Ritterdichtung und Romantik holten den Namen, „der unter den schönsten Namen der Vorzeit glänzt" (so Beneken 1816), wieder hervor; daher z. B. von Grillparzer 1817 in der „Ahnfrau" verwendet.
Mehrfach in Adels- und Patrizierfamilien, dann auch im Volke begegnend: vgl. Bertha Freifrau von Suttner (geb. Gräfin Kinsky 1843), Frau Bertha Krupp/Essen (nach der im Weltkriege ein schweres Geschütz „dicke Bertha" genannt wurde). Heute (wie Emma, siehe dort!) völlig außer Gebrauch, höchstens noch als „Tante Bertha" familiär geläufig.

Berthold, niederdt. **Barthold:** dynastisch durch das Herzogsgeschlecht der Zähringer als typisch alemannisch abgestempelt, daher im badischen (und württ.) Raume im Mittelalter besonders häufig (mit den Kurzformen Betz, Benz und Bertsch(i)), sonst auch in Bayern und Franken nicht selten, vgl. den berühmten Volksprediger Berthold von Regensburg (13. Jahrh.) und den Epiker Berthold von Holle (13. Jahrh.) am Braunschweiger Hofe, der zum niederdt. Raume überleitet, wo der Dichter Barthold Hinrich Brockes (geb. 1680) die niederdt. Form vertritt. Wieder aufgefrischt wurde Berthold zur Zeit der Romantik durch Achim von Arnims Hohenstaufenroman „Die Kronenwächter" (Teil 1: Bertholds Leben), 1817 (vgl. Berthold Sigismund 1819!/Thür.). Heute veraltet (z. T. in jüd. Familien, vgl. den Dichter Bert(olt) Brecht). Bedeutung: germ. altdt. berht- „glänzend", old = walt „waltend".

Bertram: zu germ. berht „glänzend" und (h)raban „Rabe" (d. i. der hl. Vogel Wodans), vgl. Wolf-ram! Allenthalben verbreitet gewesen, aber nicht so sehr wie Berthold. In franz. Form bekannt durch den Troubadour Bertran(d) de Born (vgl. Uhlands Ballade). Als Familienname heute meist jüd. Niederdt. Koseformen des Mittelalters sind Bet(h)ke und Bet(h)mann. In der Sage um Dietrich von Bern begegnet ein Bertram von Pola. Aus der Kunstgeschichte ist der Bildhauer Meister Bertram (Grabower Altar) bekannt. Beliebt war die Posse „Robert und Bertram" (um 1850) vom Komiker Gustav Räder.

Bettina: ital. Koseform wie Betta zum Heiligennamen Elisabeth, bekannt durch Elisabeth oder Bettina von Arnim, geb. Brentano (!) 1785, aus urspr. ital. Geschlecht, berühmte Romantikerin, Verfasserin von „Goethes Briefwechsel mit einem Kinde".
Auch durch Goethes „Venetianische Epigramme" 1790 wurde der Name aus Oberitalien (in der Form Bettine) importiert.

Betty: engl. Koseform für E l i s a b e t h , siehe dort!

Bianka: ital. Form für lat. Bianca „die Weiße“. Bei uns auf literar. Einfluß beruhend: so heißt z.B. die Hauptperson in Bernh. Kellermanns Roman „Yester und Li“ 1904, auch in Eichendorffs „Marmorbild“ und in Oscar Wildes „Florentinischer Tragödie“ begegnet der Name. In der Geschichte spielt Bianca, die Schwester König Philipps IV. von Frankreich, um 1300 eine Rolle.

Birte: nordisch = B i r g i t , B r i g i t t e .

Blandine: „die Schmeichelnde“ (zu lat. blandiri „schmeicheln“), desgl. B l a n d a . Eine Sklavin Blandina starb unter Kaiser Mark Aurel im 2. Jahrh. den Märtyrertod.

Bodo, Botho: wie Benno, Kuno, Udo u. ä. durch die Ritterromane um 1800 wieder aufgefrischter und vornehmlich in Adelsfamilien gepflegter altdeutscher Taufname; bod = „Gebieter“ wie in Sigbod, Reginbod, Marbod. Vgl. „Bodo und Laura“ 1822, Roman v. L. von Baczko; „Bodo v. Hohenried“ 1825, Roman v. Karol. von Fouqué.

Bogdan: slawisch (zu bog „Gott“) = Theodor = Gottlieb. Im deutschen Osten als Vorname vereinzelt gebräuchlich gewesen. Vgl. Bogdan Krieger. Einst traditionell bei den Woiwoden aus der Walachei im 14. Jahrh.

Bogislaw: slawisch (zu bog „Gott“ und slav „Ruhm“). Einst pommerscher Adels- und Herzogsname (Bogislaw-Straße in Stettin); daher im pomm. Adel aus histor. Interesse noch Vorname, vgl. Bogislaw von Selchow. Ebenso B o g u m i l „Gottlieb“ (Bischof v. Gnesen). Vgl. B. v. d. Goltz.

Boje: friesischer, sehr alter Taufname wahrscheinlich wie engl, boy: „Bube, Knabe“. Dazu die holst.-fries. Familiennamen Boysen, fries. Bojens, Bojunga u. ä.

Bolko: Koseform zu slaw. B o l e s l a w , altem polnisch-schlesischem Herzogsnamen: Herzog Boleslaw I. von Liegnitz (14. Jahrh.) wird in Urkunden auch Bolcko und Bonczlaw (Bonczil) genannt; vgl. auch Familienname Bunzel und Ortsname Bunzlau! Bekannter Geograph ist Bolko Frhr. von Richthofen aus Schlesien.

Börries: westfälisch für Liborius, Patron von Paderborn, einst Bischof von Le Mans/Frankreich (4. Jahrh.). Als Heiliger war er Helfer bei Gallensteinleiden. Bekannt ist der (kath.) Balladendichter Börries Frhr. von Münchhausen (1874).

Brigitte (Birgit, Birte, Britta, Gitta): Heiligenname irischer Herkunft, nach der ersten irischen Nonne Brigida (engl. Bride, Briddy), gest. 523, die (neben Patrick) als Hauptpatronin Irlands, als „Maria der Iren“ gilt. Ihr Kult fand durch die iroschottischen Benediktiner schon im 8./9. Jahrh. auch am Ober- und Mittelrhein Verbreitung und klingt noch in süddt. Familiennamen wie Bried(en), Breid(en), Schweiz. Bridli u. ä. nach. Eine jüngere Hl. war Prinzessin Birgitta von Schweden (gest. 1373), daher beliebter Name auch im schwedischen Königshause und danach – gleich anderen Namen der nordischen Renaissance um 1900 wie Ingeborg – auch im protestantischen Deutschland; volkstümlich nicht zuletzt durch Film und Bühne: Brigitte Helm (um 1930), Gitta Lind (um 1950/60). Eine Novelle „Brigitta" schrieb Ad. Stifter 1844.

Brunhilde, Brünhild: (mhd. brünne, germ. brunja „Panzer", hild „Kampf"). Ursprünglich nord. Walküre! In der Nibelungensage erscheint Brunhilde als „Gattin König Gunthers" und Rivalin Kriemhilds. Seit Richard Wagner vereinzelt als Vorname! Vgl. B r u n i Löbel Sängerin. Nach altgerm. Art nannte kürzlich ein Elternpaar Bruno u. Hilde seine Tochter Brunhilde!

Bruno: uralter germanischer Name („der Braune"), als Vorname unserer Tage aber erst durch die Ritterromane und -dramen um 1800 zu neuem Leben erweckt – gleich Kuno, Benno, Hugo, Otto, Udo u. ä. Es war der Leitname des altsächsischen Herzogsgeschlechts der Brunonen um 900, berühmt geworden durch Kaiser Ottos d. Gr. Bruder, den hl. Bruno, Erzbischof von Köln (gest. 965). Ein anderer hl. Bruno ist als Stifter des Kartäuserordens bekannt (gleichfalls aus Köln, gest. 1101).

Burkhard: als Vorname altdeutscher Herkunft in deutschbetonten Jahren vereinzelt anzutreffen. Der Name ist im alemannischen Raume Südwestdeutschlands und der Schweiz seit über 1000 Jahren beheimatet: Burkhard und Berthold waren speziell alemannische Herzogsnamen und dort so volkstümlich wie im Reiche die Kaisernamen Heinrich und Konrad, so daß man die Kurznamen „B u t z und Be(n)z" im Sinne von „Hinz und Kunz" verwenden konnte, d. h. für „Jedermann". Auch B u r i, B ü r k (aus Burki), B u c k (Buggo) und B u t s c h i als alem. Koseformen bezeugen die einstige Beliebtheit des Namens. B u s s e ist niederdt. Koseform, auch B o s s e (vgl. 1373: Borchard Breyde und Bosse sein Sohn). Einen Roman „Busso von Malten" schrieb 1907 Graf Du Moulin.

Busso: siehe B u r k h a r d !

C

Caecilie (Kurzform **Cilli**): altrömischer Name (zu caecus „blind"). Ein C. Caecilius Statius war röm. Komödiendichter um 180. Ein C. Caecilius Metellus eroberte Makedonien um 140. Eine Caecilia Metella hatte ihr Grabmal an der Via Appia. Berühmt geworden ist der Name durch die hl. Caecilia (3. Jahrh.) und ihre Legende, seit Ende des Mittelalters auch als Patronin der Musik verehrt, – nach der Legende erfand sie die Orgel; vgl. Heinrich v. Kleist „Die hl. Caecilie oder die Macht der Musik" und Händels berühmte Caecilien-Ode, 1736.
Bekannteste Trägerin ist die Kronprinzessin Cecilie v. Preußen (aus Meckl.). Auch Richard Wagners Schwester hieß so.

Caesar: erst in der Neuzeit aus historischem Interesse an der römischen Geschichte, speziell an Julius Cäsar, als Vorname aufgekommen, so wurde z.B. 1802/03 ein Brüderpaar v. Lengerke Cäsar und Alexander getauft, also deutlich nach Roms und Griechenlands berühmten Herrschergestalten.
Um die Jahrhundertwende war Cäsar Flaischlen („Von Alltag und Sonne") ein beliebter Lyriker.

Camilla: altrömischer Frauenname. Vergil berichtet in der „Aeneis" von Camilla, der Tochter eines Volskerkönigs, die im Dienste der Diana aufwuchs. Als Vorname bei uns selten, bedingt durch Literatur und Film: zuerst in der Schicksalstragödie „Das Bild" von Ernst Frhr. von Houwald 1821 nachweisbar. In unsern Tagen durch die Filmschauspielerin Camilla Hörn begünstigt.

Carlo: ital. Form für Karl. Vgl. Carlo Borromeo, Katholik (16. Jahrh.), Carlo Schmidt, Politiker unserer Tage.

Carmen: in Spanien beliebt; bei uns durch Bizets Oper „Carmen" importiert. Carmen Sylva war Pseudonym der Elisabeth von Rumänien.

Carola: siehe Karola.

Carry, Carrie: engl. Koseform für Carl und Carla. Vgl. Carry (Karl) Hauser 1895. Carry Brachvogel, geb. Hellmann, Schriftstellerin 1864.

Carsta: uns geläufig durch Carsta Lock, Filmstar. Carstine ist fries. für Christine (Carstine Ericks 1560/Flensburg).

Carsten: niederdt.-dithmarsische Form für Cersten, d.i. Christian (siehe dort!). Der Lautwandel er:ar datiert seit etwa 1300 und ist ein Kennzeichen des niedersächs.-fries. Raumes, vgl. auch Harms für Hermanns, Harbert für Herbert, Barthold für Berthold, Warnke für Werneke (Werner) usw.

Cecilie: siehe Caecilie!

Charitas: kath. Vorname (zu lat. Caritas „Liebe"), nach der christl. Liebestätigkeit. Vgl. Charitas Bischof, Tochter Amalie Dietrichs, und Charitas, Schwester des Humanisten Pirckheimer, Äbtissin.

Charlotte, Lotte: seit dem 17. Jahrhundert aufgekommene franz. Ableitung von Charles = Karl, dem in Frankreich seit Karl d. Gr., dem Frankenkaiser, beliebten Taufnamen. Wurde mit dem franz. Kultureinfluß im 18. Jahrh. zum Modenamen in deutschen Adels- und Bürgerfamilien, auch im preuß. Königshause; auch die Kürzung Lotte war damals schon gebräuchlich.
Bekannte Trägerinnen: Charlotte von Lengefeld, Schillers Gattin; Charlotte von Kalb, Schillers Freundin; Charlotte (Lotte) Buff (= Werthers Lotte); Frau Charlotte von Stein, Goethes Freundin; Charlotte Ackermann, Schauspielerin; Charlotte Birch-Pfeiffer, Schauspielerin 1800; frühes Vorbild war die Kurfürstentochter Elisabeth Charlotte (Liselotte) von der Pfalz, geb. 1652! Dazu die Zeitgenossin, Kurfürstin Sophie Charlotte (die gelehrige Schülerin des Philosophen Leibnitz), der zu Ehren Friedrich I. Charlottenburg benannte.
Zur Koseform vgl. auch Hillers Singspiel „Lottchen am Hofe" (um 1770). Thomas Mann schrieb 1939 den Roman „Lotte in Weimar".

Christian: lat. Christianus „zu Christus (dem „Gesalbten") gehörig", ein „Christ". Nach der Apostelgeschichte Kap. 11 V. 26 kam der Christenname in der Gemeinde zu Antiochien auf und mit Stolz sagte man in urchristl. altkirchl. Zeit „Christianus mihi nomen, Catholicus cognomen". Statt Christ sagte Luther noch: ein Christen. Wie schon aus den eingedeutschten Formen ersichtlich, ist die Bezeichnung als Vorname wesentlich in Norddeutschland und Dänemark gebräuchlich gewesen (noch heute dänischer Königsname!); in der Neuzeit erlebte der Name erst durch den Pietismus des 18. Jahrh. seine eigentliche Blütezeit: vgl. Chr. Fürchtegott Gellert, Chr. Overbeck. Niederdt. sind die Formen Kersten, Karsten, fries. Cassen(s), auch als Familienname.

Christi(a)ne: „Christin", zum Heiligennamen Christianus. Wie Christian durch den Pietismus im 18. Jahrh. aufgekommen, vgl. Christiane Vulpius (Goethes Hausfrau): „wenn ich bei meiner Christel bin, ist alles wieder gut". Zur heutigen Beliebtheit der Form Christine hat der Film über Gustav Adolfs Tochter, Königin Christine von Schweden, sicherlich beigetragen. Vgl. auch Christine Enghaus, Hebbels Gattin. Volkstümliche Koseformen: Christa und Christel, vgl. die „Christel von der Post" (Operette „Der Vogelhändler") und die „Försterchristl". Veraltet und abgewertet sind Stine und Tine, vgl. „Mine, Stine, Trine" für Wilhelmine, Christine, Katharine mit der roman. Endung aus franzosenfreundlicher Zeit. – Heutige Modeformen wie Kirstien, Kerstien zeigen die niederdt. Metathese -rs-. Vgl. die Schauspielerin Kirsten Heiberg (Norwegen!).

Christoph: griech.-lat. Christophorus „Christusträger". Aus dieser Wortbedeutung hat sich die vielfach bildlich dargestellte Legende von dem riesenhaften hl. Christoffer entwickelt, der das Christuskind auf seinen Schultern sicher durch Wasserfluten trägt. Vgl. die Schilderung des Jacobus de Voragine in seiner „Legenda aurea". Volkstümlicher Heiliger seit den Kreuzzügen, Patron der Wassergefährdeten und der Ritter, daher dynastisch vertreten im 16./17. Jahrh. Dann im 18. Jahrh. durch den Pietismus auch bei Protestanten beliebt, seitdem aber außer Mode. Bekannte Namenträger: Christoph Columbus! Wieland 1733, Gottsched 1700. Vgl. auch Rilkes Erz. vom „Cornet Christoph R." und den Haudegen Herzog Christoph von Bayern, gest. 1493. Den volkstüml. alten Koseformen Stoffel, Toffel haftet der Begriff des Unbeholfenen an, so schon bei Goethe: „Daß Glück ihm günstig sei, was hilfts dem Stoffel? Denn regnets Brei, fehlt ihm der Löffel". Eine Gellertsche Fabel aber beginnt: „Ein Vater hinterließ zween Erben, Christophen – der war klug, und Görgen – der war dumm".

Chrysantha: Blumenname, wie Akelei vereinzelt als Mädchenname.

Cilly: siehe Cäcilie!

Claudia: weibl. Form zu Claudius (lat. claudus „lahm, hinkend"). Die Claudier waren ein römisches Patriziergeschlecht (Kaiser Cl.). Ein hl. Claudius war Erzbischof von Besançon, gest. 693; Wallfahrtsort St. Claude! – daher in Frankreich einst gebräuchlich; schon Fischart wußte: „Lothringer heißen Claudi". Vgl. Familiennamen wie Claudepierre und (rhein.) Kleudgen. Die Königin Claude von Frankreich, Tochter Ludwigs II. 1524, dürfte ihren Namen der Renaissance verdanken; an sie erinnern die Reine-clauden, eine Pflaumensorte. Durch Film und Bühne ist Claudia heute Modename, vgl. Claudia Cardinale. Schon 1786 Cl. in der Oper „Doktor und Apotheker". Romanische Endung zeigt Claudine (v. Villa Bella, 1775, Singspiel von Goethe). Vgl. „Viktor und Claudine" 1826, Roman v. Pochhammer. Claudine Staack (um 1850), Schriftstellerin. Einen Roman „Claudia" schrieb 1825 Henr. Hanke (Liegnitz).

Clemens: lat. „milde". Kath. Heiligenname nach Papst Clemens I. und dem röm. Presbyter Clemens Romanus, der als Patron der Schiffer verehrt wurde, weil er mit einem Anker um den Hals ins Meer geworfen wurde. Als Kirchenpatron im Rheinland durch den hl. Willibrord verbreitet, vgl. die Rheinländer Clemens Brentano, den Romantiker 1778, und Klemens Fürst Metternich 1773. Im kath. Oberschlesien vgl. Familiennamen wie Kliemt neben Klemmt und Klammt, auch Klimpke und Kliche. – Ebenso romanisch ist die weibl. Ableitung Clementine.

Conn: Koseform zu Cornelia. Uns geläufig durch Conny Froboess, beliebte Schlagersängerin. Vgl. auch Conny Meissen (Bilderbuchautorin).

Constantin: „der Standhafte, Beständige". Nach Konstantin dem Großen, dem ersten christl. Kaiser von Rom und Gründer von Konstantinopel, gest. 337. Seitdem oströmischer Kaisername, seit Katharina II. auch Zarenname. Vgl. C. Franz, Volkswirt; C. Stark, Bildhauer; C, König von Griechenland.

Constanze: franz. Constance, lat. Constantia „Beständigkeit". Die roman. Herkunft des Namens dokumentieren mehrere Fürstinnen des Mittelalters, so

Constanze von Sizilien (Gattin Kaiser Heinrichs VI.) und Constanze von Aragonien (Gattin Kaiser Friedrichs II.). Als Vorname bei uns ein Relikt des franz.-ital. betonten 18. Jahrh., daher in Süddeutschland verbreitet, wie schon die Koseformen Stanzi, Stanzerl mit bayr.-österr. Suffixen lehren. Mozarts Frau z.B. hieß Constanze, desgl. Th. Storms. Heute ist der Name durch die illustr. Frauenzeitschrift „Constanze" uns geläufig geworden, auch durch das Bühnenstück „Finden Sie, daß Constanze sich richtig verhält?" (jetzt verfilmt), nicht zuletzt durch die Constanze in der „Entführung aus dem Serail"!

Cord: siehe Kurt!

Cordelia: so hieß z.B. Otto Ludwigs Tochter 1853. Einen Roman „Cordelia" schrieb 1840 Caroline v. Wolzogen, desgl. 1857 Adeline von Schlichtkrüll. Vgl. unter Cordula!

Cordula: eine Märtyrin aus der Legende der hl. Ursula (zu lat. cor, cordis „Herz, Gemüt"). Als Heiligenname im 16. und 17. Jahrh. nicht unbeliebt (zusammen mit Ursula), so in Liegnitz, Bamberg usw. Ein Epos „Cordula" schrieb 1851 G. Spiller.

Corinna: eine sagenhafte griech. Dichterin, die den berühmten Lyriker Pindar (um 500 v. Chr.) in 5 musischen Wettkämpfen besiegt haben soll. Ovid gab seiner Geliebten diesen Decknamen. Fontane nennt so die Professorentochter (!) im Roman „Jenny Treibel" 1892. Als modischen Vornamen unserer Tage kennen wir Corinna seit dem Film „Geliebte Corinna" nach dem Roman von Pilchowski um 1950; auch F. v. Wödtke schrieb einen Roman „Corinna".

Cornelia: altrömischer Frauenname. So hieß die Tochter des Publius Cornelius Scipio Africanus (die Mutter der Gracchen), desgl. die Gattin des Pompejus.
Uns vertraut durch Goethes „liebes Schwesterchen" (die spätere Frau Hofrat Schlosser). Einen Roman „Cornelia" schrieb damals 1800 Charlotte von Kalb. Koseformen sind Nele, Nehlchen und (engl.) Conny, siehe dort!

Cornelius: altröm. Gentilname, vgl. Publius Cornelius Scipio; dann auch röm. Bischofs- und Papstname, daher kath. Heiligenname (Kultzentrum: Cornelimünster bei Aachen, wo auch Familiennamen wie Cornelissen, Cornill, Nehlsen, vgl. engl. Nelson). Als Familienname bekannt durch die beiden Künstler Peter Cornelius (Maler, 1783, und Komponist, 1824); vgl. auch Pierre Corneille, franz. Dichter.

Corona: lat. „Kranz", daher unsere „Krone". Heilige des 2. Jahrh. Als Vorname bekannt durch die Sängerin Corona Schröter/Weimar 1751, von Goethe verehrt: „Und schon dein Name ziert, Corona, Dich!"

Crescentia: lat., zu crescere „wachsen". In Oberbayern verehrte Heilige. Koseform Zenzi.

D

Dagmar: als weiblicher Vorname aus Dänemark um 1900 importiert, während sonst -mar (germ. = „berühmt") nur Männernamen bildet, vgl. Dietmar u. ä. Koseform D a g (g) i .

Dagobert: germ.-merowingischer Königsname („glänzend wie der Tag") berühmt durch Dagobert I. und II. im 7. Jahrh.; auch in bairischen Urkunden der Karolingerzeit als Vorname nicht selten (daher Ortsnamen wie Tabertshausen/Bayern, Tabarz/Thür. u. ä.). Seitdem aber völlig verklungen und erst im 19. Jahrh. mit dem Erwachen historisch-vaterländischen Interesses, bes. in Adelsfamilien, sporadisch in Aufnahme gekommen. Auch in Balladen als Rittername nicht unbeliebt. Bekannt wurde als Schriftsteller Dagobert von Gerhardt (Liegnitz 1831), Pseud.: Gerhard v. Amyntor (Amyntor ist aus Homers Ilias durch seinen Sohn Phönix, Begleiter Achills, als altgriech. Königsname bezeugt). Vgl. auch Dagobert Frey.

Daniel(l)a: weibl. ital. Form von Daniel (als hebr. Name auch in jüd. Familien: wörtlich „mein Richter ist Gott"). Einen Roman „Daniella" schrieb 1875 Ferdinande v. Brakel. Zu D a n i e l vgl. Daniel Chodowiecki, Kupferstecher.

David: hebr. „Liebling". Einer der drei berühmtesten Könige (Saul, David, Salomon) aus der Geschichte Israels. Als alttestamentlicher Prophet und königlicher Sänger (mit der Harfe) in der Kunst des Mittelalters oft bildlich dargestellt. Als biblischer Name im Jahrhundert der Reformation und im 17. Jahrh. beliebt (bes. auch im puritanischen England), zumal die bibl. Psalmen seinen Namen tragen. „David und Goliath", „David und Absalom" (sein Sohn) und Davids Ehebruch mit Bathseba waren oft behandelte Themen der Dichtung, so bei Hans Sachs, Chr. Weise, Klopstock, Rückert u. a. Heute ungebräuchlich, wohl aber bei Juden üblich: vgl. David Kalisch 1820 (Begründer des „Kladderadatsch" 1848, Possendichter und Freund Heines).
Bekannt sind: David Friedrich Strauß 1808 („Leben Jesu"), Caspar David Friedrich (1774, Maler), Samuel David Roller 1779. In den „Meistersingern" 1868 nennt Wagner den Lehrbuben Hans Sachsens David. Ein berühmter Prediger war der Franziskaner David von Augsburg (13. Jahrh.).

Deno: Koseform zu Denhard, d. i. Degenhard „kühner Recke". Auch Deinhard.

Detlef: niederdt. Form für obd. Dietleib, den Namen eines Recken aus der Dietrich-Sage; -leib, -lef meint „Sproß", diet = „Volk". In Aufnahme gekommen seit Detlev Frhr. v. Liliencron (1844 Kiel), Lyriker und Novellist.
Im Mittelalter (bis in neuere Zeit) war Detlev im niederdt.-fries. Raume, besonders in Dithmarschen, beliebt.

Diana: Modename (in der Filmwelt: Diana Dors). Die antike Göttin der Jagd (griech. Artemis).

Dierk: niederdt.-fries. Kurzform zu Diederich, Dietrich.

Dieter: eigentlich Diet-her (diet „Volk“, her „Heer“ wie in Gunt-her, Walt-her, Wern-her). In der Heldensage ist Diether der Bruder Dietrichs von Bern, des historischen Ostgotenkönigs Theodorichs d. Gr., andererseits auch Amelungs Sohn, Vater der Harlunge.
Dieter war besonders beim Adel des Mittelalters beliebt; aus der Geschichte seien genannt: Dieter, Erzbischof von Trier (um 1300) und Dieter, Graf von Isenburg, Erzbischof von Mainz (15. Jahrh.). Mitunter steht Dieter auch für Dietrich.

Diethelm: im Mittelalter alem.-schweizerisch häufig beim Adel anzutreffen: so hießen z. B. ein Abt von Reichenau, ein Bischof von Konstanz (12. Jahrh.) u. a.; traditionell ist der Name bei den Grafen von Toggenburg/Schweiz.

Dietlinde: entspricht der historischen Theudelinde, Tochter des Bayernherzogs Garibald (6. Jahrh.), berühmt durch die Sage von der romantischen Brautwerbung des Langobardenkönigs Authari; seit der Ritterpoesie und Romantik um 1800 wiederholt auch dichterisch verherrlicht (so 1780, 1803, 1815, 1849, 1860, 1861, 1865, 1889, 1893). Auch eine bair. Prinzessin des 19. Jahrh. trug den Namen Dietlinde. lind meint „biegsam, geschmeidig, lind“ wie in Lindwurm, Lindenholz (auch Schild daraus). Vgl. auch Gotlinde im „Meier Helmbrecht“, Gerlinde in der „Gudrunsage“, Sieglinde, Mutter Siegfrieds.

Dietmar: „im Volk berühmt“, einer der populärsten germ. Taufnamen des Mittelalters (mit der Kurzform Thimme bzw. Thieme), vom Adel gern gewählt. Hinter ihm steht die historische Gestalt des Ostgotenkönigs Theodemer, des Vaters Theoderichs des Großen (5. Jahrh.). Bekannt sind der Minnesinger Dietmar (Freiherr) von Aist im 12. Jahrh., der Chronist Thietmar oder Thimmo v. Merseburg im 11. Jahrh. Niederdt. Form ist Detmer. Ein Schauspieler unserer Tage ist Dietmar Schönherr.

Dietrich: der berühmteste und volkstümlichste aller mit diet „Volk“ gebildeten germanischen Namen, in dem der Gotenkönig Theoderich d. Gr. (5. Jahrh.), in der Heldensage = Dietrich von Bern (d. i. Verona), fortlebt. Noch im 16. Jahrh. schreibt der bairische Chronist Aventinus: „Unser leut singen und sagen noch vil von Im, man findt nicht bald ein alten Künig, der dem gemeinen Mann bey uns so bekannt sey“! Daher spiegeln auch zahlreiche Familiennamen landschaftlicher Prägung die einstige Beliebtheit des Namens wieder, so Dittrich, Diederich(sen), Dierck(sen), Thiedemann, Dittmann, Deetjen, Thiedeke, Tieck, Tjaden, Dietl, Dietz, Tietze, Dietsch, Diede usw.; in polnischer Form: Wieder(s)ich! Als Vorname erst in unserem Jahrhundert durch nationale Bestrebungen wieder in Aufnahme gekommen, wenn auch seltener als Dieter, vgl. Dietrich Schäfer, Historiker.

Dietz: oberdt. Koseform zu Dietrich wie Utz zu Ulrich, und Heinz zu Heinrich.

Dina: Kürzung aus Leopoldine wie Lina aus Karoline.

Dirk: siehe Dierk (= Dietrich)!

Dolf: siehe Adolf!

Dominik: lat. dominicus „dem Herrn gehörend". Kathol. Vorname, nach dem Gründer des Dominikaner-Ordens.

Dora, Doris, Dörte: Kurzformen zu Dorothea, aber auch zu Theodora.

Dorothea: Umkehrung für die ursprünglichere Form Theodora (zu Theodor, griech. = „Gottesgabe"). Während Theodora in der Geschichte als byzantinische Kaiserin (Gattin Justinians) im 6. Jhrh. eine Rolle spielt und auch im Mittelalter als dynastischer Name begegnet, z. B. als Gattin des Herzogs Heinrich Jasomirgott/Öst. im 12. Jhrh., ist Dorothea alter Heiligenname (Märtyrin unter Diokletian im 4. Jahrh., Reliquien zu St. Dorothea in Rom). Bedingt durch die Legende vom Rosenwunder gilt D. als Patronin der Blumengärtner; vgl. Gottfried Kellers Legende von der Hl. D. Sie zählt auch zu den 14 Nothelfern, und damit wurde ihr Name gleich vielen anderen kirchl. Namen auch bei den Protestanten beliebt, begünstigt durch dynastische Vorbilder: aus dem Reformationsjahrh. seien genannt D., die Stammutter des ernestin. Hauses, D. Gräfin v. Mansfeld, D. v. Gottorp, D. Königin v. Dänemark, D. Herzogin v. Brieg („de liebe Dorel"), aus dem 17. Jh. D. Gemahlin des Großen Kurfürsten. Lieblingsname war D. zur Zeit der Klassiker und Romantiker: nach Goethes idyll. Gedicht von 1798 nannte z. B. der Historiker Dahlmann seine Kinder Hermann und Dorothea; berühmt ist Dorothea Schlegel (geb. Mendelssohn, 1763), auch L. Tiecks Tochter 1799, die Shakespeare-Übersetzerin, hieß D. Bei Wilh. Busch ist Dorothee das Musterbild der Hausfrau.

E

Ebba: fries. Frauenname (Kl. Groth) = Elburg, wie Wobbe = Wolburg.

Eberhard: germ. „kühn, stark wie ein Eber“, vgl. Eberwin, Ebernand usw. Der Eber, neben dem Bären das stärkste Tier des deutschen Waldes, galt den Germanen als Sinnbild der Stärke (Eberopfer, Eberhelme! Einen goldenen Eberhelm trug der nord. Gott Freyr). In Familiennamen heute zu Ebert und (niederdt.) Evert kontrahiert; Koseform (oberdt.) Eberle, -lin. Als alter Leitname der Dynasten von Württemberg hat E. speziell württembergischen Klang, vgl. Graf „Eberhart im Bart“ 1445, verherrlicht in Justinus Kerners Ballade „Der reichste Fürst 1826; dazu Uhlands Ballade „Eberhard der Rauschebart“ (der Greiner) 1815. Staatsminister E. v. Danckelmann (um 1690). Als Vorname heute selten, vgl. Eberhard König (1871, „Gevatter Tod“ 1900).

Eckart: eigentlich Eckehart (d.i. „der Schwertkühne“), germ. Agi-hard (zu agi „Schwert(schärfe)“. Berühmt durch die Sage als Warner der Nibelungen vor Etzels und Kriemhilds Rache und als Hüter von Rüdigers Grenzmark, auch als treuer Pfleger der jungen Harlungen-Brüder (daher noch bei Goethe: „... er ist es, der gern mit den Kindlein spielt, der alte Getreue, der Eckart“). Auch an den großen Vertreter der deutschen Mystik, Meister Eckart, um 1300 sei erinnert. Die Form Ekkehard ist uns durch Viktor Scheffels Roman 1855 geläufig, der die gelehrten Sankt Galler Äbte des 10. Jahrh. (Ekkehards Waltharilied!) verherrlicht.
Als Vorname ist Eckart erst im 20. Jahrh. durch nationale Strömungen in Aufnahme gekommen. Friesisch ist die Form Edzart (einst Grafen von Ostfriesland), vgl. den Schriftsteller Edzard Schaper.

Eckehart: siehe Eckart!

Ede: fries. Kurzform zu Eduard, engl. Edward (siehe dort!), vgl. den Familiennamen Eden (s.) Auch einfach Ed; engl. Eddy, wie Teddy zu Theodor.

Edda: modisch durch Edda Göring, mit Anlehnung an die Lieder-Edda, die berühmte Sammlung altnordischer Skaldendichtung. Auch 1919 schon eine Edda Seippel (Schauspielerin).

Edelgard: wie die adj. Form edel statt Adel verrät, liegt eine junge Neubildung vor.

Edeltraut: siehe Edelgard!

Edgar: wie Edward und Edmund ist Edgar altenglischer Königsname (10. Jahrh.), bei uns erst im 19. Jahrh. mit der Begeisterung für Shakespeares Königsdramen („König Lear“) in Aufnahme gekommen. Engl, ed (ags. ead) steht für deutsch od (ot) „Besitz, Glück", Edgar also = dt. Otger. – Vgl. Edgar Dacque, Paläontologe 1878.

Edith: ags.-englische Form für germ.-altdt. O t g u n d (od „Besitz, Glück", gund „Kampf"). Schon Kaiser Ottos des Großen Gattin, eine Angelsächsin, hieß Editha. Der Name ist verschliffen aus ags. Ead-gyth, vgl. auch Ead-gar für germ.-dt. Ot-ger. Auch Mathilde (Maht-hild), Gattin Kaiser Heinrichs I., war ursprünglich eine Edith. Aber im Unterschied zu der einheimischen Adelheid (der zweiten Gattin Kaiser Ottos) hat dieser Fremdname bei uns nicht Wurzel fassen können; erst im 19. Jahrh. hat ihm die Aufgeschlossenheit für engl. Literatur bei uns Bürgerrecht gewährt (ähnlich wie die Begeisterung für Shakespeare den engl. Namen Edgar und Edmund!). Zur Form vgl. ags. Osgyth: germ. Ansgund.

Edmund: ags.-engl. Form (Ead-) für germ.-dt. Ot-mund (od „Besitz, Glück", mund „Schutz", vgl. noch unser „Vormund, Mündel"). Englischer Königs- und Heiligenname (Der hl. E., ermordet 870, ist Schutzpatron der engl. Könige.) Edmund ist wie Edgar (sein Halbbruder) erst mit dem Shakespeare-Kult im 18./19. Jahrh. bei uns aufgekommen. Einen Roman „Edmunds Prüfungen" schrieb 1810 W. Lindau. Vgl. Edmund Höfer, Schriftsteller 1819.

Eduard, Edward: wie Edgar und Edmund altenglischer Königsname (siehe E d g a r !), erst mit der Begeisterung für Rousseau und seine „Nouvelle Heloise" 1761 (wo der edelmütige Mylord Edouard mit Julie die Hauptrolle spielt) in Deutschland heimisch geworden, daher die franz. Form statt der englischen! Edward würde dt. Otwart entsprechen (ed = od „Besitz, Glück"). Engl. Koseform ist Ed, Eddy.
Die Romanliteratur des ausgehenden 18. Jahrh. und des beginnenden 19. Jahrh. sorgte für weiteste Verbreitung und Beliebtheit des Namens, genannt seien: Jacobis „Eduard Allwill" 1775, Vulpius' „E. Rosenthal" 1784, Sophie Mereaus „Amanda und Eduard" 1803, Claudius' „Ed., der Zögling der Natur" 1801, „Der schöne Eduard oder die Freuden der Liebe"; auch Goethe, Iffland und Kotzebue verwenden ihn; auch „Eduard und Emilie" deuten einwandfrei auf Rousseau, ebenso die Brüder Eduard und Emil Devrient 1801/03. Vgl. auch „Edouard et Elfride" von Valcour 1816 und Eduard und Mathilde in Müllners Lustspiel „Die Onkelei" 1820. Daß E. im Bauernstande wenig Interesse fand, bestätigt den literar. Charakter dieses Liebhabernamens!
Bekannte Träger: E. Mörike 1804, E. Graf Keyserling 1855, E. Stilgebauer 1868, E. Künnecke 1885.

Edwin: engl. Form für Otwin, wie Edgar und Edmund (siehe dort!) mit dem Interesse für engl. Literatur im 19. Jahrh. bei uns aufgekommen; schon Goethe fand den Namen in der engl. Vorlage für sein Singspiel „Erwin und Elmire" und ersetzte ihn durch den Namen des Straßburger Baumeisters Erwin, den er enthusiastisch verehrte.
1873 verwendete ihn Paul Heyse in dem vielgelesenen Roman „Die Kinder der Welt" (25. Aufl. 1908). Ein Edwin Bormann, geb. 1851, war sächs. Humorist; ein Edwin Fischer ist bekannter Pianist.

Edzard: fries. siehe E c k a r t!

Egbert: einst Lieblingsname der ingwäonischen Nordseegermanen, daher häufig in Friesland und England, wo König Egbert von Wessex um 830 aus den angelsächsischen Einzelstaaten den engl. Einheitsstaat begründete. Auch Namen mehrerer Bischöfe und Grafen in Niedersachsen (vgl. dazu „Eckbert von Braunschweig", Tragödie v. Elis. Gnauck 1886). In verschliffener Form E b b e r t mit der Koseform E b b e, Ebbeke (friesisch), vgl. Ebbeco de Rode = Ecbertus de R. 1295 urkundl. in Hamburg. In Familiennamen auch als Eggebrecht erhalten.
Eg- beruht auf Agi- „Schärfe, Spitze der Waffe" wie in Egmont, vgl. unser „Ecke"; bert (germ. bercht) meint „glänzend, berühmt" wie in Berthold, Bertha.

Egon: seit dem 14./15. Jahrh. aufgekommene lateinisch-griechische Urkundenform für die altdeutsche Kurzform E g i n o, E g e n zu E g i n o l f (germ. Agin-(w)olf „Schwertspitze" – „Wodanswolf"), einem alten Lieblingsnamen des alemannischen Adels, vgl. urkundl. 1351: Egeno von Fürstenberg = Egenolph v. F. Im Hause F ü r s t e n b e r g ist E g o n noch heute traditioneller Vorname. Literarisch verwendet ihn 1850 Karl Gutzkow in seinem Roman „Die Ritter vom Geist".
Zu E g i n o l f vgl. auch E g i n h a r d, Einhard (Biograph Karls des Großen); Einhart der Lächler, Roman von Carl Hauptmann. Eine Variante ist E g i l o l f (Egloff, Egelhaf), alem.-schwäb. für A g i l o l f (König der Langobarden).

Ehrenfried: pietistische Neubildung des 18. Jahrh. (vgl. „Ehre sei Gott in der Höhe und Friede auf Erden!"): Ehrenfried Liebich, Kirchenlieddichter; E. Stöber 1779. Noch in unseren Tagen sporadisch.

Eilhart: niederdt.-friesisch, auch Eilward (zu agil, egil „Schwertschärfe", wie Agilolf). Vgl. Familiennamen Eilers, Ehlers, Elwert.
Eilhard Mitscherlich, Chemiker, 1794–1863. E l a r d Hugo Meyer.
Berühmter Dichter war E i l h a r t von Oberge (im Dienste Heinrichs des Löwen) durch sein Epos „Tristrant" um 1200. Zur Koseform E i l k e gehört Eicke v. Repgow, Verfasser des „Sachsenspiegels".

Eitelfriedrich, Eitelwolf: siehe F r i e d r i c h!

Eleonore: aus arabisch Ellinor „Gott ist mein Licht", durch die Mauren über Spanien ins Abendland gelangt; in frz. Form Alienor, z. B. A. von Poitou (Mutter des Richard Löwenherz) 1204 Gattin Heinrichs II. von England, dort Eleanor, Ellinor genannt; auch König Edwards I. Mutter hieß E. (gest. 1291), desgl. die Tochter Jakobs I. von Schottland, sp. Erzherzogin von Österreich (geb. um 1420). In Deutschland erst zur Klassikerzeit eingebürgert: so bei Goethe im „Tasso" 1790 (Du siehst mich lächelnd an, Eleonore), dann auch in den verkürzten Formen L e o n o r e (Beethovens Oper „Fidelio" trug ursprünglich diesen Titel), L e n o r e (so in Bürgers Ballade „Lenore fuhr ums Morgenrot" 1774) und L o r e, bekannt durch die „Lore am Tore" von Boje 1798. Vgl. auch Heines „Lore-lei". Aus der betonten Endsilbe ist N o r a gebildet, durch Ibsens Schauspiel „Nora" 1902 zu uns gekommen. Englisch ist E l l e n für Ellinor. Bekannte Trägerinnen: Eleonore Prohaska, Freiheitskämpferin von 1813, Eleonore Fürstin Reuß 1835 („Das Jahr geht still zu Ende"), Eleonore Duse, ital. Schauspielerin. Ellen Key.

Elfi: siehe Elfriede! Vgl. Elfi Mayrhofer, Sängerin. – Dasselbe meint Effi in Fontanes Roman „Effi Briest".

Elfriede: seit der Goethezeit in Deutschland nachweisbar und noch um 1900 beliebt, heute selten. Es begegnet schon im altenglischen Königshause eine Elfriede als Stiefmutter König Edwards (den sie 979 ermordete). Wie Edward (Eduard) und Edgar könnte also auch Elfriede mit den engl. Literatureinflüssen herübergekommen sein, wie auch das Wort Elfe. Literarische Zeugnisse sind: „Elfriede" (1775), Tragödie von Bertuch; „Edouard et Elfride ou la Comtesse de Salesbury" (1816) von A. Valcour, vielgelesen! „Elfriede" (1877) von Paul Heyse; „Elfriede" (1885), Roman von A. Hausrath. Auch Schiller hinterließ einen Entwurf „E.".
Bei der heute gebräuchlichen Koseform Elfi pflegt man an die Elfen zu denken.

Elfrun: wie Ortrun und Sigrun: „Dem Schutz der Elfen (der gütigen) anvertraut und mit geheimnisvollem Wissen begabt". Elfrun Jakob, Hamburg.

Elga: Gestalt der Heldin in Grillparzers Novelle „Das Kloster bei Sendomir", von Gerhart Hauptmann dramatisiert.

Elimar: Elmar: eigtl. Eilmar (aus Agil-, Egilmar, germ. ag „Schwertspitze"), vgl. Elhart neben Eilhart. Ein Elmarus z. B. 1310 in Greifswald. Als alt-sächs. Held begegnet E. in F. W. Webers „Dreizehnlinden" 1878. Auch ein Herzog von Oldenburg (Lustspieldichter) hieß 1844 Elimar. Vgl. Eimer Rice, amerikan. Fernsehautor.

Elisabeth (Elsbeth, Lisbeth, Else, Liese, Lieschen): hebr. Elischaba „Gott hat es geschworen". Elisabeth war schon im Mittelalter äußerst beliebter kirchlicher Taufname (neben Johannes fast der häufigste), zurückgehend auf die Mutter Johannes des Täufers, verbreitet vor allem seit der Heiligsprechung der berühmten Landgräfin E. von Thüringen, der vielfach legendär verherrlichten Wohltäterin der Armen, gest. 1231. Dann auch dynastisch allenthalben gestützt, vgl. E. von Lothringen-Nassau (gest. 1455, Übersetzerin altfrz. Romane: Loher und Maller und Hug schapler), E. Kurfürstin Brandenburg (gest. 1545), E. Königin von England (gest. 1603, vgl. Schillers Maria Stuart!)
Auch in Doppelnamen wie Elisabeth Charlotte (= Liselotte von der Pfalz, 1652), Elisabeth Friederike, Anna Elisabeth (= Anneliese). Franz. frisiert erscheint E. als Lisette (so z. B. bei Gellert und Cimarosa 1792), ital. als Bettina (vgl. Elisabeth oder Bettina von Arnim, geb. Brentano! 1785), span.-ital. als Isabel(la) nebst Isa, Isi (Dehmels Frau) und Bella. Aus England stammt die Koseform Betty. – Elsbeth eignet der Ritterromantik (als Burgfrau, auch in Schillers Teil). Elsa (von Brabant) wurde durch Wagners Oper Lohengrin 1850 begünstigt, Else durch die „Goldelse" der Marlitt 1866, auch durchs Märchen

und Volkslied; Elisa besonders durch den vielgelesenen Roman „E. oder das Weib, wie es sein sollte" (1795 ff.) von Wilhelmine v. Wobeser. Eine Elisa Gräfin Ahlefeldt 1788 war Lützows Gattin (und Immermanns Geliebte).

Elke: seit den 30er Jahren Mode gewordener Mädchenname niederdt.-friesischer Herkunft, neben rein fries. Eltje; vgl. die Parallele Alke: Altje, mit fries. tj für palatales k wie in Antje neben Anke. Während Alke urkundlich Koseform zu Alheit (Adelheid) ist, entspricht Elke offenbar dem öfter bezeugten niedrdt.-fries. E(i)like (so um 1300), auch Eile, und wäre somit Koseform zum Frauennamen Eilburg mit der Variante Elburg (in Nordeibingen beliebt gewesen), wenn nicht junger i-Umlaut vorliegt, so daß Elke und Alke identisch wären. – Zu Elneben Eil- (d.i. Agil- „Schwertschärfe") vgl. auch Eiert neben Eilert (Ehlers: Eilers), d.i. Agilwart (urkundl. auch Eil-, Elewart in Hamburg), und Elbert neben Eilbert (urkdl. in Hbg u. Lübeck) mit der Koseform Elke (masc), dies schon 1248 im Jeverland.
Fries.-dithmarsisch wie Elke ist auch das (seltenere) modische Silke (schon um 1300 in Kiel: Sileke, Szilke), wie Silja wohl zu Cäcilie gehörig. Urkundl. ist Elike = Eilike um 1300 in Stralsund bezeugt.

Ella, Elli: um 1900 als Kurzform für Elisabeth üblich, auch = Ellen. Bekannt wurde die Fliegerin Elli Beinhorn.

Ellen: engl. Kurzform für Ellinor, d.i. Eleonore.
Bekannt durch die Schwedin Ellen Key, Vorkämpferin der freien Liebe, um 1900. Vgl. Gabriele Reuters Roman „Ellen von der Weiden" 1900. „Ellen Percy", Roman 1822 von Therese Huber.

Ellinor: engl. Form von Eleonore, siehe dort!

Elmar: siehe Elimar!

Else, Elsa, Elsabe, Elsbeth: siehe Elisabeth!

Eltje: siehe Elke!

Elvira: als Name einer spanischen Prinzessin durch Mozarts „Don Juan" 1787 importiert. Auch Goethe war E. bekannt, vgl. sein Singspiel „Erwin und Elmire" (!) 1775 mit dem Vermerk „Schauplatz nicht in Spanien". Im 19. Jahrh. hat auch Auberts Oper „Die Stumme von Portici" (1830) den Namen gestützt.

Emanuel: span. hebr. Immanuel „Gott mit uns!" Manuel, Koseform Mandel, Mendel. Vgl. Imm. Kant, nach ihm Imm. Fichte. Emanuel Geibel (Pfarrerssohn), geb. 18. 10. 1815, als sein Vater die Fahnen der Hanseat. Legion einsegnete. Vgl. auch Mandel, jüd. Freund Jean Pauls; „Mendel Gibbor" 1860 v. Aaron Bernstein. Gerhart Hauptmann schrieb „Emanuel Quint".

Emil: aus dem röm. Geschlechtsnamen Aemilius (vgl. auch die Landschaft Aemilia in Oberitalien!). Erst im 18. Jahrh. durch den berühmten pädagogischen

Roman „Emile ou de l'education“ 1762 von Rousseau aufgekommen, wie auch Eduard und Julie auf Rousseau zurückgehen. Er betonte den Menschheitswert gegenüber dem Bildungswert der Aufklärung und war von triumphaler Wirkung auf die Pädagogik um 1800.
Vgl. die Jugendzeitschrift „Emil“ 1801 ff. In der Familie Devrient/Berlin z.B. wurden 1801 und 1803 2 Söhne Eduard und Emil getauft. Bekannt sind: Ludwig Emil Grimm, Maler 1790, Emil Nolde, Maler 1867, Emil Preetorius, Graphiker 1883; Emil Ludwig, eigtl. Cohn, Schriftst. 1881, Emil Jannings, Schauspieler 1886.

Emilie: Aemilia ist weibl. Seitenstück zu Aemilius, dem röm. Patriziernamen, und mit der späten Renaissance bei uns in Adels- und Fürstenhäusern aufgekommen: so hießen 2 Töchter Wilhelms v. Oranien im 16. Jahrh., dann die Fürstinnen v. Schwarzburg-Rudolstadt Aemilia Juliana und Ludaemilia Elisabeth im 17. Jahrh. (bekannt aus dem Gesangbuch); im 18. Jahrh. vgl. Emilie v. Berlepsch, Schriftst. 1755; beliebt wurde der Name dann durch häufige Verwendung in Familien-Romanen (mitbeeinflußt von Rousseau, siehe Emil!) und in Dramen: immer als tugendhafte, vorbildlich erzogene Tochter oder Gattin, z.B. „Emilia oder die belohnte Tugend“ 1768, „Emilie oder der Besuch auf dem Lande“ 1777, „E. oder die Macht wahrer edler Weiblichkeit“ 1818; „Die beiden Emilien“ 1803, Drama von Ch. v. Stein; auch Schiller nannte so 1804 seine zweite Tochter. Noch um 1880 war E. gebräuchlich, mit der Koseform Milly. Hölderlin dichtete „Emilie vor ihrem Brauttag“. Berühmt wurde Lessings „Emilia Galotti“ 1772.

Emma: uralter germ. Kurzname, den schon Kaiser Karls des Großen Tochter führte, während seine Mutter Bertha (Berta) hieß. Beide Namen, im Mittelalter fast verklungen und nur sporadisch in Urkunden begegnend, sind erst von der Ritterpoesie und der vorzeitbegeisterten Romantik um 1800/1820 wieder ausgegraben und aufgefrischt worden, nachdem sie (wie 1816 der Prediger Beneken mit Bedauern feststellte) „eine wahre Seltenheit geworden“ waren, diese „lieblichen, glänzenden Namen der Vorzeit“.
Einen Roman „Emmas Prüfungen“ schrieb damals 1817 die Enkelin der Karschin: Wilhelmine von Chezy. Seit dem Wiener Singspiel „Die Schweizerfamilie“ 1809 von J. Weigl wurde auch Emmeline (mit roman. Endung) kurze Zeit Mode („Setz dich, liebe Emmeline, nah, recht nah zu mir!“). Im 19. Jahrh. erlangte Emma eine derartige Volkstümlichkeit, daß Christian Morgenstern um 1900 dichten konnte: „Die Möwen sehen alle aus, als ob sie Emma hießen.“ Heute überlebt.
Die Koseform Emmi wird offenbar auch als Kürzung für Emilie empfunden und so auch gebraucht. Eine Emmy begegnet 1828 in der Oper Vampyr von Marschner, eine Erz. „Emmy“ schrieb 1827 Herloßsohn. Sprachlich muß Emma auf urspr. Erma beruhen (wie Immo auf Irmo) vgl. Ermgard und Ermenrich (Ostgotenkönig), zu germ. erm- „groß, gewaltig“ (vom Himmelsgott gebraucht).

Emmerich: kath. Heiligenname von adeliger Herkunft. So hieß der Sohn Stephans des Heiligen von Ungarn. Im 18. Jahrh. vgl. Emmerich Joseph Frhr. v.

Breidbach, im 20.: Emmerich Kaiman, ungar. Komponist. Ein Graf Embrico (Imbrico) v. Leiningen 1077. Embrico (Imbreke) ist ein Nachklang der Harlungen-Sage, wo der Neffe des Ostgotenkönigs Ermenrich so heißt.

Engelbert: heute nur als kath. Vorname gebräuchlich, nach dem schon von Walther von der Vogelweide besungenen Heiligen, Märtyrer und Erzbischof von Köln (ermordet 1225, im Rhld. verehrt); urspr. germ. Angil-berht, zum Stammesnamen der Angeln, später an lat.-christl. angelus „Engel" angelehnt (berht = glänzend). Auch Kaiser Karls des Großen Schwiegersohn (Abt und Schüler Alkuins) hieß Angil-, Engelbert; desgl. zwei Äbte von St. Gallen im 9./10. Jahrh. Bekannt ist Engelbert Humperdinck, der Komponist der Märchenoper „Hansel und Gretel".

Engelhard: altdt., heute kaum noch gebräuchlich (siehe Engelbert!); im Mittelalter beliebt durch die Freundschaftssage von „Engelhard und Engeltrud" (als höfische Versnovelle von Konrad v. Würzburg behandelt, 13. Jahrh.)

Engeltrud, -traut: siehe Engelhard!

Enno: friesisch, aus Eino, d.i. Egino, Agino, Kurzform zu Aginhard (agi = Schwertspitze, hard = kühn) wie Menno, Meino zu Megin-, Mein-hard! Eginhard oder Einhard hieß der Biograph Karls des Großen.
Zum gelegentlichen Enke (mit k-Suffix) vgl. das analoge Menke.

Erasmus: siehe Asmus!

Erdmann: ein im 19. Jahrh. (vgl. Erdmann Felke (Pastor, 1856), Erdmann Christaller 1857), und noch um 1900 auf dem Lande nicht seltener Vorname, der seinen Ursprung im Volksglauben haben dürfte: denn man pflegte Zweitgeborene so zu benennen, wenn das erstgeborene Kind verstorben war, gleichsam zum Schutz gegen böse Erdgeister. Aus früherer Zeit vgl. E. Neumeister 1671, E. Fabricius 1718.

Erdmuth: speziell schleswig-holsteinischer Frauenname, seit dem 16. Jahrh. in holst. Adelskreisen auftauchend, von dem Dichter und Sprachreiniger Philipp von Zesen um 1650 als „rechter deutscher Weibesnahme" gerühmt. Vgl. den holst.-fries. Frauennamen Almuth! Namensträgerinnen: Erdmuthe Dorothea Gräfin Reuß (Zinzendorfs erste Frau). „Frau Erdmuthens Zwillingssöhne" betitelt sich ein Roman von Marie v. Ebner-Eschenbach 1872.

Erhard: landschaftlich auf den bayr. und alemannischen Süden beschränkter Vorname (und Familienname), der auf den Heiligen E., Bischof von Regensburg um 700, und seine Verehrung zurückgeht. Seinem Gebet verdankte die blindgeborene Odilia (Elsaß) ihr Augenlicht. Bekannt ist der Maler Erhard Reuwich durch Reisebilder aus dem Heiligen Lande 1493.

Erich, Erik: häufiger dänischer und schwedischer Königsname in der germ. Form Erik nach Deutschland erst im 19. Jahrh. importiert. Wie Senta (als Toch-

ter des norweg. Seefahrers Daland) so dürfte auch ihr Verlobter Erik durch Wagners Oper „Der fliegende Holländer“ 1843 bei uns modisch geworden sein. Auch die tragische Gestalt König Erichs XIV. von Schweden (und seine Liebe zu einer Bauerntochter), vergiftet 1577, ist seit 1820 wiederholt dramatisch behandelt worden! Ein König Erik Emundsson begegnet schon im 9. Jahrh. in Schweden.
Wie die Erzählung „Erich und Erika“ von Phil. Fürst zu Eulenburg 1893 zeigt, hat man Erika als weibl. Ableitung aufgefaßt; siehe jedoch Näheres unter Erika!
Namensträger: Erich Ludendorff 1865, Otto Erich Hartleben, Erich Marcks.

Erika: könnte an und für sich als weibliche Form von Erich empfunden werden, so z.B. in der Erzählung „Erich und Erika“ 1893 von Philipp Fürst zu Eulenburg. Da der Name aber vor 100 Jahren noch völlig unbekannt war und sein Aufkommen mit der Entdeckung und Schilderung der Heideschönheit zusammenfällt, kann nur das Heidekraut (griech. erike) gemeint sein: so wäre die Bedeutung „Heidekind“ zutreffend. Wilhelm Jensens vielgelesene Novelle „Die braune Erika“ 1868 (7. Aufl. 1903!) hat zur Beliebtheit des Namens (noch um die Jahrhundertwende und danach) sicherlich beigetragen. Vgl. auch Lola Kirschners Roman „Gräfin Erikas Lehr- und Wanderjahre“ 1899 im Stile der Ebner-Eschenbach. Erika Riedberg nannte sich die Heidedichterin(!) Helene Greef 1862. Nicht zu übersehen ist die Heideschriftstellerin Felicitas Rose und schon vorher der Heidedichter Hermann Löns.

Erla: wohl Erfindung unserer Tage, in Anlehnung an „Erle“ (vgl. Linda). Denn alte Namen mit germ. erl (ags. eorl) „freier Mann“ wie z.B. Erlwin sind seit Jahrhunderten ausgestorben.

Erna: um 1900 beliebt, Kurzform für Ernestine. Einen Roman „Erna“ schrieb 1820 Ch. v. Ahlefeld.

Ernestine: Bildung des 18. Jh. zu Ern(e)st. So hieß die Gattin des Dichters J. H. Voß 1777.

Ernst: wie Karl seit alters nur einstämmig gebrauchter germ. Name im Sinne von „ernsthafter Kampf“ (ags. eornost, ahd. ernust). Durch Sage und Lied von Herzog Ernst v. Schwaben als Vorbild der Freundestreue im 12./13. Jahrh. bekannt u. in höfischen Kreisen bevorzugt (von Uhland wieder verherrlicht). Von der Romantik schließlich in weitere Kreise getragen. Ernst August ist speziell im Welfenhause traditionell. Vgl. Ernst Frhr (!) v. Houwald 1778, Ernst v. Wildenbruch, Ernst Häckel. Eine markante Gestalt der Geschichte ist Ernst der Fromme, Herzog von Gotha um 1650, der Typ des protestant. Fürsten, der Thüringen nach dem 30jähr. Kriege zur Blüte führte.

Erwin: aus dem Mittelalter bekannt durch den Erbauer des Straßburger Münsters, Erwin von Steinbach (gest. 1328), dessen Namen 1775 der junge Goethe in seinem Singspiel „Erwin und Elmire“ aus Begeisterung für ihn verwendete – anstelle des Edwin seiner Vorlage! („Edler Erwin – hier in diesem Hain, wo

ringsum die Namen meiner Geliebten grünen, schneid ich den Deinigen"). Seitdem im 19. Jahrh. gebräuchlich, während er den vorhergehenden Jahrhunderten fremd war! Selten und gesucht klingend ist die weibl. Ableitung Erwine.
Bekannt ist Erwin Guido Kolbenheyer, Schriftsteller 1878. E. Wittstock, Erwin Liek 1878. Verfehlt ist die bisherige Deutung „Heeresfreund", denn Er- ist nicht Her-, sondern beruht auf urspr. Ario- (mit Umlaut) wie Ario-vist (us), Ario-vindus, Aria-ric(us), und germ.-ahd. win(i) meint „Freund".

Esther: biblisch wie Ruth. Nur noch modisch, nach Esther Williams, der „schwimmenden Venus" (Amerika). Ags.-puritanisch; auch jüdisch.

Estrith: Variante zu Astrid!

Ethelbert: engl. Form für Adalbert. Ethelbert Stauffer, Theologe.

Eugen: berühmt durch Prinz Eugen, „den edlen Ritter", von Savoyen, den Sieger von Belgrad 1717, den Franzosen- und Türkenbezwinger, den das Volkslied verherrlicht. Vielfach literarisch behandelt, so schon 1718 von Chr. Günther, dann dramatisch 1845, 1846, 1872 usw. Bekannte Träger: Eugen Klopfer (Schausp.), Eugen Diederichs (Verleger), Eugene d'Albert. Die weibl. Ableitung Eugenie wurde bekannt durch die Kaiserin E., Gattin Napoleons III., und durch die Marlitt, eigtl. Eugenie John 1825.
Wörtliche Bedeutung (griech.) „wohlgeboren".
Ein röm. Usurpator Eugenius begegnet um 400 in Gallien.

Eulalia: außer Gebrauch, da abgewertet. Ursprünglich Heiligenname nach der Märtyrin unter Diokletian. Ihr zu Ehren hieß das „Eulalia-Lied", das älteste Dichtwerk in frz. Sprache.

Eva: hebr. „Leben" (nach 1. Mose 3,20: „Mutter aller Lebendigen"), als bibl. Name erst mit der Reformation häufiger; durch Wagners „Meistersinger" aufgefrischt 1868, auch Evchen.
Eveline, Evelyn ist englische Koseform.

Ewald: im Mittelalter als Heiligenname in Rheinland-Westfalen beheimatet, Lokalheiliger von Köln, Landespatron von Westfalen, in Erinnerung an den schwarzen und den weißen Ewald (Brüder), die im 7. Jahrh. dort als Missionare begegnen. Ein Ewalt Smyt 1409 in Würzburg. Erst im 19. Jahrh. verbreiteter, wohl vom Adel her (vgl. das Studentenlied vom Ritter Ewald und der Minna!). Bekannt vor allem durch den Dichter des „Frühling", Ewald Christian von Kleist, gefallen 1759 bei Kunersdorf. Jean Paul rühmt 1804 E. als „urdeutschen köstlichen Namen". Die Bewahrung des vollen Klanges verdankt er wie Oswald dem kirchl. Schutze; normalerweise wurde -wald („waltend") zu -old, vgl. Arnold, Rein(h)old, Berthold usw. E- (altsächs. eo) meint „uraltes Recht", also „Rechtswalter". Vgl. Ehe.

F

Fabian: kathol. Heiligenname (kaum noch gebräuchlich), nach dem Papst und Märtyrer F. unter Kaiser Decius (250). Vgl. Familienname Fabig, Fabisch.

Fanny: engl. Koseform von Franziska, nach ital. Francesca, d.i. „kleine Französin", bzw. weibl. Form zum Heiligennamen Franciscus (Franz) von Assisi, der eigtl. Giovanni (= Johannes) hieß, von seinem Vater aber wegen seiner franz. Mutter Francesco („kl. Franzose") genannt wurde. Fanny („Fränzchen") hat sich erst im 18. Jahrh. mit der Übersetzung englischer Unterhaltungs- und Familienromane in Deutschland eingebürgert, speziell durch Fieldings Roman „Joseph Andrews" 1742. Und so besingt schon Klopstock seine Kusine (Schmidtin) unter diesem Namen. Bekannt sind auch Fanny (Franziska) Tarnow, Schriftstellerin 1783–1862, Fanny Lewald desgl. 1811–89, Fanny Elsler (Tänzerin). In Lessings „Minna v. Barnhelm" 1763 begegnet Franziska als Name der Zofe. Franziska v. Hohenheim war Herzogin von Württemberg (gest. 1811).

Faustina: im 19. Jahrh. auftauchende Ableitung von Faust(us) mit der roman. Endung des 18. Jahrh. wie Augustine zu August(us). Bedeutung: „die Glückliche" bzw. „die Faustische", wohl ein Nachklang zu Goethes „Faust". Faustina Bordoni war ital. Opernsängerin zur Händelzeit! Ein Roman „Faustina Hasse" von Elise Polko, geb. Vogel erschien 1860, „Faustina, ein Gespräch über die Liebe" von Jakob Wassermann 1912. Ein Drama „Faustina" von Christine Friderik 1871.
Ein Magister Faustinus Blenno war Reformator von Pyritz i. P.

Felix: lat. „der Glückliche". Namen mehrerer Märtyrer. Süddt. Koseform Lixel. In Mittel- und Norddeutschland erst im 18. Jahrh. (Goethe!) und im 19. Jahrh. gebräuchlich. Vgl. Felix Dahn 1834, Felix Philippi 1851, Felix v. Rumohr 1785, Felix Graf Luckner 1881.

Felizitas: lat. Bezeichnung für „Glück", eigtl. „Fruchtbarkeit", von den Römern auch als Göttin verehrt (dargestellt mit dem Füllhorn). In der kirchl.-kath. Überlieferung auch Name einer Heiligen (Märtyrin des 2. Jahrh.). Literarisch vgl. Felix Dahns Erzählung „Felicitas" 1882, 17. Aufl. 1903. Bekannt ist die Heidedichterin Felizitas Rose.

Fe(o)dor, Feodora: russ. Form für Theodor und Theodora.
Mit dem Bekanntwerden der russischen Literatur (Dostojewski, Tolstoi usw.) um 1850/60 – Dostojewski hieß selber Fedor! – zunächst in ostdeutschen Adelskreisen auftauchend, vgl. Fedor von Zobeltitz 1857, Dichter; Fedor Schaljapin, russ. Sänger.
Feodora, Prinzessin zu Schleswig-Holstein (1874, Primkenau).

Ferdinand: dem deutschen Mittelalter unbekannter Name. Er ist aus Spanien, wo er Fernando lautet, durch die Habsburger im 16. Jahrh. nach Österreich gelangt und durch die drei Kaiser dieses Namens im österr.-bairischen Raume populär geworden (Koseform Ferdl!), aber erst im 18./19. Jahrh. auch in protestantische Kreise Norddeutschlands gedrungen. Auch ein plattdeutsches Märchen vom getreuen und ungetreuen Ferdinand hat Grimm verzeichnet. Nach Spanien war der Name durch die Westgoten gekommen, bei denen er Fridu-nand lautete (germ. nand „kühn" wie in Ebernand, Wi(g)nand, Hrodnand: Roland). Noch in portugiesischen Urkunden des 8.–10. Jahrh. begegnet er in der Form Fridi-, Fredenandus, auch Frenandus und Fernandus. Namenträger: Ferdinand Raimund, Schauspieler 1790 Wien, Ferdinand Dillenius 1791 Urach, Ferdinand von Schill 1776, Prinz Louis Ferdinand 1772, Ludwig Ferdinand Huber 1764, August Fr. Ferdinand Kotzebue 1761, Ludwig Ferdinand Anders 1806, Ferdinand Freiligrath 1810, Ferdinand Lassalle 1825, Ferdinand von Saar 1833, Ferdinand Graf von Zeppelin 1838, Ferdinand Gregorovius 1821, Ferdinand Bahlow 1865. Erzherzog Franz Ferdinand von Österreich; Ferdinand Avenarius 1856. Vereinzelt begegnet man der weibl. Neubildung Ferdinande: Freiin von Brackel 1835.

Flora: röm. Göttin der Blumen. Als Vorname durch Walter Scotts Roman „Waverley" 1814 eine Zeitlang Mode gewesen, auch durch Verdis „Traviata" 1853!

Florentius: früher beliebter Heiligenname am Niederrhein und in Holland, nach dem Märtyrer der Thebaischen Legion. Schon Fischart wußte: „Holländer heißen Florentz"; als Name mehrerer Grafen von Holland im Mittelalter bezeugt. Daher auch Familienname Flörke (norddt.).

Floria: der hl. Florian, Märtyrer unter Diokletian, ist Schutzpatron von Oberösterreich und Nothelfer in Feuersgefahr: „Heiliger St. Florian, behüt' dies Haus, zünd' andre an!" Als kath. Vorname in Österreich und Bayern beheimatet. Bekannt ist aus dem Bauernkrieg der Ritter Florian Geyer (dramat. behandelt von Gerhart Hauptmann 1895).

Fock(e): friesische Kurzform für Volkwart (siehe dort!). Ein Friesenhäuptling war Focke Ukena im 15. Jahrh. Bekannt ist die Flugzeugwerft von Focke-Wulf in Bremen. Gorch Fock nannte sich der Dichter Hans Kinau (Hamburg, 1880–1916).

Folker: siehe Volker!

Frank: erst im 19. Jahrh. als angels. Vorname aufgekommen. In alter Zeit die Zugehörigkeit zum Volksstamm der Franken bezeichnend, vgl. Bischof Franco von Worms (10. Jahrh.), Freund Kaiser Ottos II.
Bekannt sind die Schriftsteller Frank Wedekind 1864 und Frank Thieß; ein Opernkomponist Frank Martin 1890, heute auch ein Filmstar: Frank Sinatra!

Franz: geht aus von dem Heiligen Franciscus von Assisi (gest. 1226), eigentlich Giovanni (Bernardone), der wegen seiner französischen Mutter Francesco

„kleiner Franzose" genannt wurde, zumal er gern und fließend französisch sprach. Wurde als Vorname bald beliebt, sein Hauptverbreitungsgebiet waren die süddeutschen, dem Romanischen benachbarten Länder; vgl. auch den österr. Doppelnamen Franz Joseph, dynastisch bedingt durch die Habsburger, und den bairischen Franz Xaver (nach dem Patron der kath. Mission). Auch die Koseform zeigt oberdt. Suffix: Fränzel (Familienname Frenzel).
Bekannt sind: Franz Schubert, Franz Liszt, Franz Grillparzer, Franz Lenbach, lauter Süddeutsche.

Franziska: weibl. Neubildung des 18. Jahrh. zum Heiligennamen Franciscus (ital. Francesca). Koseformen sind Fränzi und (engl.) Fanny. In Lessings „Minna von Barnhelm" 1763 heißt die Zofe Franziska. Eine Franziska von Hohenheim war Herzogin von Württemberg (gest. 1811). Als Schriftstellerin bekannt war Franziska (Fanny) Tarnow 1783. Siehe auch unter Fanny!

Frauke: friesisch „Frauchen" (vgl. Wiebke). Seit 16./17. Jahrh. als Vorname bezeugt (urkundl. Frauweke).

Fred: Kürzung für Alfred und Manfred (wo engl.-normannisch -fred dt. fried entspricht).

Freya: nordische Göttin, Gemahlin Odins. Um 1900 als Vorname Mode gewesen, begünstigt durch Wagners „Rheingold".

Fridolin: Lokalheiliger des badischen Oberlandes, Stifter und Abt des Klosters Säckingen um 500. Fridolin heißt auch der Liebhaber in der Operette „Die Rose von Stambul"; desgl. der fromme Knecht in der Ballade „Der Gang zum Eisenhammer".

Frieda: Kürzung für Elfriede, wie dies in der zweiten Hälfte des 19. Jahrh. sehr volkstümlich. Bekannt ist die Dichterin Frida Schanz (geb. 1859). Vgl. auch Frieda von Bülow. „Tante Frieda" v. L. Thoma.

Friedemann: pietistischer Name des 18. Jahrh., bekannt durch den Sohn Joh. Seb. Bachs, geb. 1710, literar. behandelt im Roman „Friedemann Bach" 1858 von Brachvogel.

Friederike: wie Ulrike eine Modeschöpfung der Goethezeit, berühmt durch Friederike Brion, die Pfarrerstochter von Sesenheim/Elsaß. Vgl. auch Friederike Unger 1751, die Gattin von Goethes Verleger, dem Schöpfer der Unger-Fraktur. Aktuell ist heute Friederike, die Königin von Griechenland, Enkelin Kaiser Wilhelms II.

Friedhelm: modische Neubildung aus Friedrich Wilhelm!

Friedmar: deutschbetonter Name, vereinzelt um 1900 und später; germ.-dt. mar = berühmt.

Friedrich: „Friedensfürst“ (germ. rieh = mächtig). Seit den Hohenstaufenkaisern Friedrich Barbarossa und Friedrich dem Zweiten (aus der Zeit der Kreuzzüge) durch die Jahrhunderte beliebt; erneuert durch die Pietisten im 18. Jahrh. und die Hohenzollern im 18./19. Jahrh.: seit Friedrich dem Großen, dem „Alten Fritz“, besonders in der Koseform F r i t z volkstümlich, vgl. Fritz Reuter.
In Preußen war die dynastisch bedingte Verbindung Friedrich Wilhelm häufig; im Unterschied hierzu meint (Prinz) Eitelfriedrich (Eitelfritz) den „nur, bloß“ Friedrich heißenden (vgl. „eitel Gold“ = reines, unvermischtes Gold), ebenso: Eitelwolf (vom Stein, Humanist um 1500). – Appellativisch meint „Friedrich“ den Hausdiener. Bekannt sind: Friedrich Schiller, Hölderlin, Schleiermacher, Nietzsche, Schinkel, Schlegel u. v. a.

Frithjof: nordischer Sagenheld („Friedensfürst“). Die Frithjof-Sage wurde seit der Bearbeitung durch Tegner 1825 und der Übersetzung durch Freiin v. Imhoff 1826 auch in Deutschland bekannt. Vgl. Fridtjof Nansen, norw. Nordpol-Forscher, und Emil Frithjof Kullberg 1877. Heute modisch!

Fritz: siehe F r i e d r i c h !

Frowin, Froben: „Freund des Frohsinns“, einst beim Adel beliebt (noch im 16. Jh. bei den Grafen v. Zimmern). Uns geläufig durch Froben, den Stallmeister des Großen Kurfürsten. Als Familienname: Fro(h)wein, Froben, Frobenius.

G

Gabi: siehe G a b r i e l e !

Gabriel: hebr. „Gottesstreiter" (vgl. ungar. G a b o r !). Mit Michael und Raphael zu den 3 Erzengeln des Alten Testaments gehörig. Süddt.-kath. Vgl. Gabriel Max, Münchener Maler um 1900.

Gabriele: im 19. Jahrh. aufgekommen, nach Jahrzehnten heute modisch! Koseform: G a b i . Bekannt ist Gabriele Reuter 1859 mit ihrem Familienroman „Aus guter Familie" 1895/1906. Dahinter steht offenbar das Liebespaar Gabriele und Gomez aus Kreutzers Oper „Das Nachtlager von Granada" 1834!

Gebba: Koseform (niederdt.-fries.) zu G e r b u r g , s. dort!

Gebhard: im Mittelalter in Adelskreisen beliebt (zu ahd. geba „Gabe", hard „kühn"). Seinem Namen Ehre machte der hl. Bischof Gebhard von Konstanz (gest. 995) als freigebiger Freund der armen Schwarzwaldbauern (dort noch heute geweihte Gebhardsbrote). Als Familienname besonders thür.-fränk. Zur niederdt. Form Gevehard gehören Familiennamen wie Gevers, Geve(ke), Geffken. Heute sehr seltener Vorname. Bekannt ist Gebhard Leberecht v. Blücher.

Georg: griech. „Landmann, Bauer" (vgl. Vergils „Georgica": vom Landbau). Der hl. Georg, Märtyrer unter Diokletian, wurde durch die Kreuzfahrer, denen er zur Erstürmung Jerusalems verhalf, zum Schutzheiligen der Ritter als „Ritter Georg, der Drachentöter" (nach der Legende ein Prinz, der ein Mädchen vom Lindwurm befreit hatte). Durch die Normannen wurde er auch Schutzpatron Englands (daher engl. Königsname!). In Süddeutschland zählt St. Georg zu den 14 Nothelfern. Die Form G i r g , Girgel ist österreichisch (Familienname Girgensohn), J ö r g : süddt.-alemannisch (besonders im Schwarzwald, siehe unter J ö r g !), J ü r g e n : niederdt., siehe dort! J ö r n und J ü r n : friesisch.

Gerburg, Gerberga: so hieß die Tochter Kaiser Heinrichs I., des Voglers. Eine Gerburg steht im Naumburger Dom. Koseform war Gebba.

Gerd: siehe G e r h a r d !

Gerda: um 1900 als nordischer Modename bei uns aufgekommen wie Helga, Hertha, Freya u. ä. Die nordischen K a i und G e r d a begegnen z. B. im Märchen von der Schneekönigin vom Dänen Andersen. In der altnord. „Edda" ist Gerd(r) die Tochter eines Riesen, um die der junge Gott Frey(r) wirbt; hier ist Gerd(r) Kurzform zu Thorgerdr, eine solche z. B. als Tochter des Thorsteinn bzw. des Thorbrand(r) in der altnord. Saga.

Im Mittelalter aber ist Gerda als Kurzform zu Gerdrud aufzufassen, so z. B. die Gherda priorissa 1366 im Kloster Reinbek b. Hamburg.

Gerhard: „speer-kühn". Speziell im niederrheinisch-niederländischen Raum zu Hause, wie schon Johann Fischart vor 400 Jahren richtig beobachtet hat, wenn er meint „Kölner heißen Gerhard". Auch der „gute Gerhard", eine beliebte Erzählung des Mittelalters (vgl. Rudolf von Ems um 1250), war ein Kölner Kaufmann, und der erste Kölner Dombaumeister (gest. 1279) hieß gleichfalls Meister Gerhard. In den Kölner Schreinsurkunden kommt der Name fast 500 mal vor. Geert Geerts war übrigens auch der bürgerliche Name des Humanisten Desiderius Erasmus von Rotterdam (der aber Geert fälschlich mit „begehren" in Verbindung brachte und somit falsch übersetzte: lat. desiderare, griech. erän „begehren"!). Niederländische Form ist heute G e r r i t. Modisch wird die niederdt. kontrahierte Form G e r d gebraucht, während die niederdt. Koseform G e r e k e nur noch als Familienname fortlebt.
Bekannt aus der Neuzeit sind Gerhard Tersteegen aus Moers 1697, Pietist, Gerhard Scharnhorst 1755, Gerhart Hauptmann 1862.

Gerhild: modisch in den 30er Jahren (ger = Speer; hild = Kampf).

Gerlinde: im Gudrunliede Mutter des Königssohnes Hartmut von der Normandie. Vgl. Herlinde, Gotlinde, Sieglinde!

Germania: etwas anspruchsvoller Mädchenname aus vaterländischer Zeit (20. Jahrh.).

Gernot: im Nibelungenliede einer der Burgunderkönige, Bruder Günthers und Giselhers und der Kriemhild (not meint „Kampfgedränge", wie in Helmnot und Sigenot, also nicht zu ahd. hnoton „schwingen"). Der Bezug aufs Nibelungenlied wird deutlich bei einem Geschwisterpaar Gernot und Kriemhilde um 1914. Seit den 30er Jahren modisch.

Gero: Kurzform zu Gerhard u. ä. Markgraf G e r o ist eine markante Gestalt aus den Kämpfen Ottos des Großen mit den ostelbischen Slawen im 10. Jahrh., auch im Nibelungenliede erwähnt.

Gerold: eigentlich Ger-wald „mit dem Speere waltend". Im Mittelalter beliebt, auch süddt. Heiligenname. Ags. Gerald, fries. Garreit.
Vgl. Gerold u. G e r u n g als Enkel eines Gerold um 1250 am Oberrhein.

Gerrit: niederld. für Gerhart. Noch 1962: Gerrit, Grita und Ove, Geschwister!

Gert: siehe G e r h a r d !

Gertrud, Trude: einer der häufigsten weibl. Taufnamen des Mittelalters nach der heiligen G., Tochter Herzog Pippins, Äbtissin von Nivelles in Brabant (gest. 659). Germanisch wie Ortrud, Irmentrud usw., wörtlich „die Speervertraute"; vgl. auch die nord. Walküre Trudr-, zu germ. trud-„Kraft, Stärke". Süddt.

ist Gertraut; zu Traute vgl. Waltraut! Im Mittelalter auch in der Koseform Gele, bzw. Gese, schles. Gerusch (Familienname Gierschner). Friesisch ist Gesche bzw. Gese, mit roman. Modefrisur der Franzosenzeit: Gesine (vgl. „Die schöne Gesine", Roman von G. Ringeling 1936). Jahrhundertelang außer Mode, ist Gertrud erst von der Ritterpoesie um 1800 als altdeutscher Name wieder hervorgeholt worden, und so begegnet er auch in Schillers „Wilhelm Teil" 1804, in Kleists „Familie Schroffenstein" 1803.
Bekannt sind: Gertrud Bäumer, Gertrud von Le Fort.

Gesche: siehe Gertrud!

Gesine, Gese: friesisch, siehe Gertrud!

Gilbert: westfränk.-romanisch für Giselbert (gisel „vornehme Geisel", berht „glänzend, berühmt"). Urkundl. Zeugnisse bietet F. Stark, Die Kosenamen der Germanen 1868, S. 47/48.

Gisbert: westfäl.-rhein. Variante zu Giselbert. Schon Joh. Fischart wußte: „Westfalen heißen Gisbert". Kurzform war Giso, Giseke. Vgl. auch als Neubildung: Gisberte (!) Freiligrath 1889.

Gisela: Kurzform zu den mit germ. gisel („Kind vornehmer Abstammung, Geisel") gebildeten altdeutschen Namen (wie Giseltrud, vgl. Giselher, Burgunderkönig im Nibelungenliede). In unsern Tagen seit dem Roman „Reichsgräfin Gisela" von E. Marlitt, der gelesensten Schriftstellerin der „Gartenlaube", beliebt.
Nach den national betonten Tagen der Freiheitskriege nannten die Brentanos ihre Töchter Armgart und Gisela, und schon im Mittelalter begegnet der Name vornehmlich in Adelskreisen und Fürstenhäusern, vgl. Kaiserin Gisela um 1000 und die bayr. Herzogin G. zur selben Zeit; auch G., die Schwester Karls d. Gr.

Giselher: siehe unter Günther!

Gitta: Kurzform zu Brigitta, bekannt aus der Filmwelt: Gitta Lind. Vgl. auch Marghitta, ital. für Margherita.

Gödela: vgl. die Enkelin Bismarcks, Gödela, Gattin des Grafen Keyserling. Ein Schwesternpaar Ghodele und Abele 1357 in Holstein.

Golo: dieser seltsame undeutsche Name, den z. B. ein Sohn Thomas Manns trägt, stammt aus der Welt der Oper bzw. der Literatur und Bühne: z. B. aus Hebbels Drama „Genoveva" 1841 und danach aus Robert Schumanns Oper „Genoveva". Der Sage nach war Golo der Betreuer und leidenschaftliche Liebhaber der G., der Gemahlin des Pfalzgrafen Siegfried um 750. In Claude Debussys Oper „Pelleas und Melisande" 1902 ist Golo Genovevas Sohn. Ein Drama „Golo und G." schrieb 1808 Fr. Müller. Eine Tragödie „Golo" schrieb 1883 R. Kulemann. Golo Raimund 1825 ist Pseudonym für Bertha Frederich, geb. Heyn.

Goswin: nur noch katholisch (Heiligenname); im Mittelalter am Niederrhein öfter. Vgl. auch Goswina von Berlepsch 1845.

Gösta: schwed. Kurzform für Gustav. Vgl. S. Lagerlöfs „Gösta Beding".

Gottfried: einer der beliebtesten altgerm. Taufnamen des Mittelalters, der durch berühmte Vertreter des Adels, besonders Lothringens, auch in Frankreich und England Fuß faßte, wo er heute als Geoffroy, Joffre, Goeffrey u.ä. erscheint, ursprüngl. Godefrid, vgl. niederdt. Govert. Alte niederdt. Koseform ist Gödeke neben Göde (daher thür. Goethe!). Bekannter ist die oberdt. Koseform Götz, vor allem durch G. v. Berlichingen (Goethe). In Schlesien ist Gotfrid seit dem 15. Jahrh. über Gopfrid – Göpfert zu Göppert und Geppert geworden (heute Familienname).
Mit dem 15./16. Jahrh. kommt G. außer Gebrauch, die bibl.-alttestamentlichen Namen werden Mode, und erst der Pietismus des 18. Jahrh. hat ihn wieder in Umlauf gebracht (und dazu auch Gotthold, Gotthelf, Gottlieb, Gottlob, Gottwert usw. erfunden); um 1900 noch gebräuchlich, heute als bieder-fromm klingend veraltet.
Berühmte Träger: Gottfried von Bouillon, der Kreuzzugsritter (gest. 1100), Gottfried von Straßburg, Epiker um 1200 („Tristan"), G. (Götz) v. Berlichingen, Ritter (gest. 1562); Joh. Gottfried Herder 1744, Joh. Gottfr. Seume 1763: „Ich kam mit dem Hubertusberger Frieden an, man nannte mich also Gottfried". Gottfried Arnold 1666 (Pietist, Kirchenhistoriker). Gottfried Keller 1819 Zürich.

Gotthard: germ. Godehard, schon im Mittelalter selten (ein heiliger G. von Hildesheim starb 1038). Heute nur als pietistischer Nachklang zu werten (z.B. in Pfarrhäusern).

Gotthold: wie Gottlieb, Gottlob, Gotthilf usw. pietistische Schöpfung des 18. Jahrh. Vgl. Gotthold Ephraim Lessing.

Gottlieb: siehe unter Gotthold. Vgl. Friedrich Gottlieb Klopstock 1724. Im 19. Jahrh.: Gottlieb Daimler 1834. Heute verbindet sich mit dem Namen der Begriff des Einfältigen. Gottlob: pietistisch wie Gottlieb.

Götz: siehe Gottfried!

Gregor: griech. „der Wachsame". Kath. Heiligenname nach dem Papst Gr. d. Großen, Patron der Sänger und Schulen, um 600. Heute selten. Bekannt ist auch Papst Gregor VII. (durch Kaiser Heinrichs IV. Gang nach Canossa 1077), dann Gregor XIII., der Kalenderreformer, und Gregor von Tours, der Geschichtsschreiber der Franken im 6. Jahrh. Die Legende vom Papst „Gregorius, dem guten Sünder" behandelt episch der mhd. Dichter Hartmann von Aue, jüngst auch wieder Thomas Mann.

Grete, Greta, Gretchen, Gretel: siehe Margarete!

Grita, Gritta, schweiz. Gritli: siehe M a r g a r e t e !

Gudrun: Frauengestalt der im Nordseeraum spielenden Gudrunsage, verherrlicht als Vorbild fraulicher Treue im mhd. Kudrunliede um 1200, wo sie (entführt nach der Normandie, als Königstochter gedemütigt durch Ofenheizen, Wäschewaschen u. dergl.) schließlich von Herwig als Gemahlin nach Seeland heimgeführt wird.
Erst durch die Romantik, wie viele andere Namen des Mittelalters wieder bekannt geworden, aber erst in unseren Tagen zur Mode gelangt (Seit der Entdeckung der Handschrift 1816).
Im 19. Jahrh. oft dramatisch behandelt, zuletzt von Ernst Hardt 1911. gund (nord.-niederdt. mit Nasalschwund gud, vgl. swind: swid) meint „Kampf" und run „geheimes Wissen", vgl. Rune, raunen! Also etwa „die runen- oder zauberkundige Kämpferin oder Walküre".

Gudula: nebst G u d a ursprünglich in Adelskreisen begegnend, eine heilige Gudula schon um 700 Patronin Brüssels (Gudula-Kirche), franz. St. Gudule. Eine Novelle „Gudula" schrieb Albrecht Schäffer.

Guido: romanisierte Form von germ. W i d o , einer im fränkisch-burgundischen Adel der Karolingerzeit gebräuchlichen Kurzform zu Namen mit germ. widu „Wald" (vgl. Widukind, Widolt, niedersächs. Wedekind mit Koseform Wedige). Erst von der Ritterpoesie um 1800 wieder hervorgeholt, vgl. auch Ariost. 1805 nannte Joseph Görres seinen Sohn Guido. 1808 schrieb O. Graf von Loben einen Roman „Guido". 1848 wurde Guido List geboren. In unseren Tagen ist bekannt der Schriftsteller Erwin Guido Kolbenheyer (geb. 1878). In Uhlands Ballade „König Karls Meerfahrt" begegnet „Herr G u i , ein Ritter frei"; G u y (auch Guyot) ist die franz. Form (Guy de Maupassant, Schriftsteller), G u i d o die italienische, vgl. Guido Reni, Maler.
Geschichtliche Träger: G u i d o , Gaugraf Kaiser Karls des Großen; W i d o (Guido) von Spoleto, König von Italien, ein Franke (gest. 894); W i d o (G u i d o) , Bischof von Modena (um 900), desgl. ein Erzbischof von Mailand (um 1000), ein Bischof von Osnabruck (um 1100) und ein Bischof von Palestrina/Italien (um 1200). Auch Papst Calixtus II. um 1100 hieß eigtl. Guido, Wido, Sohn des Grafen Wilhelm von Burgund. Ein Abt Guido von Pomposa/Oberitalien (gest. 1046) wurde in Speyer als „Sankt Weiden" verehrt.

Gundula, Gundel, Gunda: Koseform zu den mit germ. gund „Kampf" gebildeten Frauennamen wie Hildegunde, Kunigunde, Adelgunde, Fredegunde, lauter Gestalten aus Sage und Geschichte. Erst in unseren Tagen modisch (doch selten) gebraucht.

Gunhild: nordisch für Gund-hild, wie Gunnar für Gund-hari, Günther. Germ, gund meint „Kampf" wie in ahd. gundfano „Kriegsfahne". Gunhild hieß z. B. die Tochter Knuds von Dänemark, Gattin Heinrichs III. (11. Jahrh.) und die Gattin des Erich Blutaxt, Norw.

Gunnar: nord. Form von Günther. Vgl. Gunnar Gunnarsson 1889.

Günther: germ. dt. Gunt - hari, im Nibelungenlied Gunther, so wieder seit Richard Wagner hin und wieder modisch (vgl. Gunther Plüschow, den Flieger von Tsingtau 1914). gund meint „Kampf" und hari, her „Heer". Gunther, Gernot und Giselher sind die Burgunderkönige der Nibelungensage, die Brüder Kriemhilds. Vgl. nord. Gunnar. Bei den thür. Fürsten Schwarzburg ist Günther seit Jahrhunderten als Leitname üblich (schon 1304 ff. ein Fürst G. von Schwarzburg). Wie auch die alte Koseform Günzel zeigt, ist der Name im oberdt. Raum zu Hause; auf niederdt. Boden wäre Gud- statt Gund- zu erwarten, vgl. Gudrun!

Guntram: so hieß ein Burgunderkönig, Enkel Chlodwigs, im 6. Jahrh. gund meint „Kampf", ram (aus hraban) „Rabe" (Wodans), wie in Wolfram, Sindram, Dietram, Walram, Bertram. Wie Sindram eine Gestalt der Dietrichssage, so Guntram eine Gestalt der fränk.-burg. Geschichte, nachklingend noch im 14. Jahrh., vgl. Gundram, Sohn des Gundram (Liegnitz). Vereinzelt noch heute gebraucht, vgl. Guntram Prüfer, Schriftst., 1906.

Guschi: heute für Auguste gebraucht, vgl. Uschi für Ursula.

Gustav: nordisch-schwedische Form des altgerm. Gundstab, wo staf „Stab" den Sinn von „Waffe" hat wie in Sigistab und gund „Kampf" meint, vgl. ahd. gundfano „Kriegsfahne". Zum altsächs.-nordischen Nasalschwund (gud statt gund) vgl. Gudrun. In Deutschland ist Gustav erst durch den Schwedenkönig Gustav Adolf (gefallen 1632 bei Lützen für die Sache des Protestantismus) bekannt und heimisch geworden, verschiedentlich schon im 18. Jahrh., recht eigentlich aber erst im 19. Jahrh., seit der Gustav-Adolf-Verein (für Diaspora-Mission) die Erinnerung an ihn belebt hat; in unserem Jahrhundert außer Mode. Schwedische Kurzform ist Gösta, vgl. Selma Lagerlöfs Roman G. Berling.
Bekannt sind: Gustaf Wasa, Schwedenkönig 1497–1560; Gustav Adolf, Herzog v. Mecklenburg-Güstrow 1633!; Gustav Schwab, Dichter 1792, G. Freytag 1816, G. Frenssen 1863, G. Falke, G. Schüler 1866.

Guste(l): Kurzform zu Auguste, siehe dort!

H

Hadewig: ältere Form für Hedwig. Vgl. Hadeburg, Wasserfrau in der Nibelungen-Sage, und Hadubrand, Sohn Hildebrands.

Hajo, Haye, Heye: altfriesischer Männername. Vgl. Hauke Hayen (in Th. Storms „Schimmelreiter"). Heute modisch. Zu hag siehe Heinrich!

Hanfried: einst volkstümliche Form für Johann Friedrich (den Großmütigen), den Kurfürsten und Landesvater Thüringens zur Zeit Luthers, den Gründer der Universität Jena: das Denkmal des „Hanfried" steht auf dem Jenaer Marktplatz. Heute vereinzelt gebräuchlich.

Hanna: siehe Johanna!

Hannelore: siehe Johanna Eleonore!

Hans: eingedeutschte Form von Johannes, dem Namen des Täufers, siehe dort. Mit der Entwicklung von Johannes zum häufigsten und volkstümlichsten Taufnamen seit dem 14. Jahrh. erscheint auch die Koseform Hans, Hansel, niederdt. Henneke und Henning, allenthalben bei Hoch und Niedrig.
Bekannt sind Hans Folz, Hans Rosenplüt, Hans Sachs als Meistersinger des 15./16. Jahrh. Hans Luther (der Vater des Reformators), Ritter Hans von Schweinichen (Liegnitz) und seine Memoiren, um 1600.
Im 18. Jahrh., der Zeit des Pietismus, herrscht statt dessen die Form Johann, besonders in Doppelnamen; erst mit der Ritterdichtung und der Romantik tritt Hans wieder in seine Rechte. Noch um 1900 ist Hans allgemein beliebter Vorname, nach dem zweiten Weltkriege jedoch wie viele andere alteingewurzelte von modischen Fremdnamen verdrängt. Im Märchen lebt er unangefochten als Hänsel (und Gretel), im Kinderlied als „Hänschen klein", in der Dichtung als „Hans im Glück", „Hans Huckebein" und „Hans GuckindieLuft" und erscheint infolge seiner Häufigkeit schließlich auch als Gattungsname, vgl. Hanswurst, Hansnarr, Hans Dampf (in allen Gassen), Prahlhans usw.
Die alte Koseform Henel (vgl. Peter Henlein, Nürnberg) ist zum Familiennamen Hendel, Händel geworden; ostdt.-schles. ist Hänisch und Hen(t)schel („Fuhrmann Henschel" von G. Hauptmann), daneben auch Hanke. Holst.-dänisch häufig ist Hansen (=Johannsen).

Harald: dänisch-norwegischer Königsname (vgl. heute Kronprinz H. v. Norwegen). Bekannt sind Harald Hoffding, dänischer Philosoph (gest. 1931), Harald Kreutzberg, österr. Tänzer (geb. 1902). Um 1900 bei uns modisch gebraucht.
Die altgerm. Form begegnet in des Tacitus Annalen (Kap. II, 11) mit dem Bataverfürsten Chariovalda, = altdt. Hari-walt, -olt = Herold, d. i. „im Heer waltend, Heerführer".

Hardy: engl. Koseform zu germ. Namen auf -hard („kühn"). Vgl. Hardy Krüger, Filmschauspieler. Als Familienname: Thomas Hardy, engl. Dichter.

Harm(en): friesisch für Hermann. Vgl. auch Klaus Harms.

Harro: friesische Kurzform für Harbert (= Herbert), Härmen (= Hermann). Vgl. den fries. Dichter Harro Harring 1798 und „Helmut Harringa" 1904 von Aug. Niemann.

Harry: engl. Koseform (wie Henry) für Heinrich. Um 1900 bei uns modisch. Vgl. Harry Piel, Filmstar. Auch Heinrich Heine hieß eigtl. Harry.

Hartmann: im Mittelalter neben Hartwig gebraucht; bekannt durch Hartmann v. Aue, mhd. Epiker, und Hartmann Schedels Weltchronik 1493.

Hartmut: in der Gudrunsage ist H. der Sohn König Ludwigs von der Normandie und Entführer Gudruns, (hart meint urspr. „kühn, stark"). Von jeher selten als Vorname gebraucht; in den deutschbetonten 30er Jahren und im 2. Weltkrieg hin und wieder anzutreffen.

Hartwig: im Mittelalter häufig, umgelautet durch das i zu H e r t w i g , mit der Koseform Hertel (heute Familienname), „kühn im Kampf". Kaum noch gebräuchlich. Hartwig Seibt.

Hasso: in Adelskreisen beheimatet. Seit dem 13. Jahrh. im niederdt. Raum bezeugt. Kurzform zu Hadebert, -mar, -ward wie Busso, Bosse zu Burg-, Borgward. Vgl. Hasso von Manteuffel.

Hauke: friesisch, seit 15. Jahrh. Vgl. den Hauke Hayen bei Th. Storm!

Hedda: nordisch-friesische Form für H e d w i g. Eine „Hedda Gabler" begegnet bei Ibsen 1890; ein Drama „Heddas Freier" schrieb 1907 der Dithmarscher Traugott Tamm. Eine Lyrikerin Hedda Sauer geb. Rzach (Prag), geb. 1875. Eine Schauspielerin Hedda Björnson heute.

Hedwig, Hedi: germ. Had(u)-wig; hadu „Kampf", unser „Hader", und wig „Kampf", vgl. Hild-gund, wo beide Glieder gleichfalls „Kampf" meinen; nach Edward Schröder soll wig anstelle von ursprünglichem fem. wi(c)h „heilig" getreten sein, was jedoch fraglich. Durchs ganze Mittelalter beim Adel wie beim Volke beliebt, wozu seit dem 13. Jahrh. noch die Heilige Hedwig, die Schutzpatronin Schlesiens, Gattin Herzog Heinrichs I. von Liegnitz, aus dem gräfl. Hause Andechs-Meran, ihr Teil beitrug.
Hedwig hießen auch: Kaiser Heinrichs I. Mutter; Ottos des Großen Schwester; Herzog Burkhards v. Schwaben Gattin (bekannt als Frau Hadwig, Ekkehards v. St. Gallens gelehrte Schülerin, vgl. Scheffel!); Kaiser Lothars Mutter; Albrechts des Bären Tochter usw. Neu belebt hat den Namen erst die Ritter- und Räuberpoesie zu Ende des 18. Jahrh., daher bei Körner die adlige Räuberbraut H. und bei Schiller die Frau Wilhelm Tells! Seitdem im 19. Jahrh. recht häufig.

Heidi: heute beliebte Koseform zu Adelheid. Vgl. Johanna Spyris „Heidi". Dazu Heidemarie, Heidelinde. Heidi Brühl, Filmstar.

Heidrun: modische Neubildung aus Heide (= Adelheid) und run „Zauberwissen". Vgl. Elfrun, Gudrun, Ortrun, Sigrun.

Heike: einer der neuesten weibl. Modenamen friesischer Prägung, erinnernd an fries. Hauke, Elke, Silke. Speziell friesisch ist das Verklingen des guttural (am hinteren Gaumen) gesprochenen l vor dem gutteralen k, sodaß wir auf Heilke als Grundform kommen; in der Koseform Heil(e)ke, Heike lebt der altdeutsche Frauenname Heilweg fort, einst beliebt in Patrizier- und Adelskreisen, vgl. die Äbtissin Heilwig im Nonnenkloster Herwardeshude (= Harvestehude/Hamburg), noch heute im Adel begegnend (Heilwig von der Mehden). Zum Verklingen des l vgl. fries. Eicke für Eilhart, Eilward (Eicke v. Repgow, Verf. des Sachsenspiegels), Ucke für Ulke = Ulrik, Wicke für Wilke = Wilhelm und Focke = Folkwart. Vgl. auch Fr. Stark, Die Kosenamen der Germanen 1868, S. 69 (mit urkundl. Belegen). Eine Heilke Detmers 1850 i. O.

Heiko: mascul. Seitenstück zum femin. Heike (fries.), heute modisch.

Heilwig: nebst Koseform Hei(l)ke, siehe unter Heike!

Heimfried: junge Neubildung der Jahrhundertwende wie Helfried, Wilfried u. ä.

Heimo: urkdl. = Heimerad, Heimeram/Bayern. Heimo Erbse, Philologe 1924. In der Heldensage sind Wittich und Heime Recken Dietrichs von Bern.

Heimeran: lat. Emmeram, Bischof von Regensburg; dort Kloster St. Emmeram. H. war ein westfränk. Adliger (ram = Rabe, wie in Wolfram, Guntram). Noch im 15. Jahrh. in Straubing als Vorname. Vgl. Familiennamen Heimeran, Heimerl.

Hein(o): Koseform zu Heinrich.

Heinke: Koseform zu Heinrich, heute auch weiblich gebraucht!

Heinrich: germ. Hagin-rich bzw. Heim-rich (hag wie heim „umhegte Wohnstätte", rieh „mächtig, Herrscher").
Durch die zahlreichen Dynasten dieses Namens, den als erster Herrscher König Heinrich I., der Vogler, aus dem Geschlecht der Ludolfinger trug, ist H. im Mittelalter zum verbreitetsten und populärsten Taufnamen geworden, wie auch die mannigfachen Kurz- und Koseformen bestätigen. Bei den Saliern begegnet er mit Heinrich dem III., IV. und V., bei den Hohenstaufen mit Heinrich VI., bei den Luxemburgern mit Heinrich VII. Unter den Herrschern Frankreichs ist bekannt Heinrich v. Navarra 1589, – Bartholomäusnacht –, Führer der Hugenotten; unter den Königen Englands Heinrich VIII. (Anna Boleyn)! – Berühmt und volkstümlich wurde Herzog Heinrich der Löwe (Braunschweig), der Kolonisator Mecklenburgs und Gegner Barbarossas (gest.

1195). – Von den Minne- und Meistersingern seien genannt: H. v. Veldecke, H. v. Meißen („Frauenlob"), H. v. Ofterdingen.
In den Jahrhunderten zwischen 1500 und 1800, den biblisch-alttestamentlich und pietistisch überfremdeten, spielt H. keine Rolle; erst seit der deutschbewußten Romantik kommt er wieder zur Geltung. Bei den Fürsten Reuß (Thür.) ist er seit Jahrhunderten geradezu traditionell! Niederdt. Form ist Hinrich, Hinnerk, niederld. Hen(d)rik.
In der Formel „Hinz und Kunz" (= Jedermann) spiegelt sich noch heute die einstige Popularität der alten Kaisernamen Heinrich und Konrad! Hinz heißt in der Tierdichtung auch der Kater. Von den Koseformen hat sich nur Heinz behaupten können (Karl Heinz siehe unter Karl!). Das süddt. Heinzel lebt noch in den „Heinzelmännchen" (schon zu Luthers Zeit, durch Aug. Kopischs Gedicht volkstümlich geworden).
Das Appellativ Heini ist urspr. alem.-schweizerisch. „Freund Hein" für den Tod begegnet schon im 17. Jahrh., dann bei M. Claudius. Heinerle (mit schwäb. Endung) lebt im Volkslied. Heino ist altdeutsch frisiert wie Kuno, Bruno, Hugo, Udo, Ivo u. ä. Heineke (niederdt.) und Heinkel (westfälisch-hessisch) nebst Henkel sind nur noch Familiennamen, desgl. das niederdt.-fries. Heinse.

Heinz: siehe Heinrich!

Helene, Lene, Leni, Hella: Helena war in der griech. Sage Tochter der Leda und des Gottes Zeus (in Schwanengestalt!), daher Sinnbild weiblicher Schönheit; als Gattin des Menelaos in Sparta von Paris nach Troja entführt, wurde sie zum Anlaß des Trojanischen Krieges! Seit Homers „Ilias" eine berühmte Frauengestalt, die schon Euripides dramatisch behandelt hat. Und so heißt es in Goethes „Faust": „Du siehst mit diesem Trank im Leibe bald Helenen in jedem Weibe."
Volkstümlich ist H. im Mittelalter nie geworden, trotz einer Heiligen dieses Namens (der christl. Mutter Kaiser Konstantins des Großen), vgl. Sankt Helena (Insel), Napoleons Verbannungsort; vgl. frz. Hélène, ungar. Ilona, span. Elenita. Eine Helene Fourment war Rubens' zweite Gattin. Erst um 1850 ist Helene bei uns Mode geworden, vgl. Helene Böhlau 1859 mit ihren „Ratsmädelgeschichten" und Helene Christaller 1872.
Offenbachs Operette „Die schöne Helena" 1864 hat zur Beliebtheit beigetragen. Seit Wilhelm Buschs „frommer Helene" 1872 freilich bietet der Name keinen Anreiz mehr. Man umgeht die Vollform gern mit der Koseform Leni, Lenchen, die natürlich auch für Marlene und für Magdalene stehen kann. Englisch ist die „vornehmer" klingende Form Helen (vgl. Helen Keller, 1880). Hella taucht um 1900 modisch vereinzelt auf.

Helga: altschwedischer Frauenname (helg = heilig, wie in Helgoland), wie Hertha u. ä. erst Ende des vorigen Jahrhunderts bei uns Mode geworden. Vgl. 1890 „Helgas Rosen" von H. Greiner. In Rußland entspricht Olga (siehe dort).

Helge: nord. Männername, bekannt durch Helge Roswaenge, Sänger. Aus der altnord. Sage kennen wir Helgi und Sigrun.

Heike: niederdt.-friesisch für H e i l k e , Koseform zu He(i)lburg und Heilwig, siehe unter H e i k e !
Eine domina H e i b u r g (i s) begegnet z. B. 1367 in Holstein (Urk.-Buch Bd. 4).

Hella: Koseform für Helena, wie Ella für Elisabeth.

Helma, Helmine: Kurzform zu W i l h e l m a, W i l h e l m i n e, letztere aus der französisch betonten Zeit des Rokoko.
Vgl. Helmina oder Wilhelmine von Chezy geb. Klencke (1783), Enkelin der Karschin, Verfasserin von Webers Euryanthe.
Wilhelmine hieß schon 1709 die Lieblingsschwester Friedrichs des Großen, die Markgräfin von Bayreuth. Wilhelmine v. Zenge war die Braut Heinrich v. Kleists. Aktuell ist heute Königin Wilhelmine von Holland. Vielgelesen waren die Romane der Wilhelmine von Hillern (z. B. „Die Geyer-Wally" 1875).

Helmar: siehe H i l m a r !

Helmbrecht: bekannt durch die älteste dt. Dorfgeschichte „Meier Helmbrecht" (um 1250) von Wernher dem Gärtner.

Helmgard: germ. Frauenname, modisch wie Helmtrud.

Helmold: siehe H e l m u t !

Helmtrud: modisch wie Helmgard. Helmtrud und Wiltrud hießen z. B. Töchter des Königs Ludwig III. von Bayern, mit bewußt altdeutscher Tendenz.

Hel(l)mund: niederld.-fläm. Helmont (vgl. Egmund, niederld. Egmont, und Siegmund, niederld. Siemond; auch engl. Edmund und norw. Emund). Germ. mund meint „Schutz" wie in „Vormund".

Helmut: von Mecklenburg ausgehend, vor dem 19. Jahrh. selten, durch Helmuth v. Moltke, den siegreichen Heerführer von 1870/71, populärer geworden. Ein meckl. Dialektdichter war Helmut Schröder, geb. 1842. Ein Helmut Schomaker 1598 in Wodarge in Mecklenburg; ein Heimet Moltmeker 1390 in Lüneburg (Heimet ist fries. Form.) Wahrscheinlich liegt Anlehnung an das holst.-meckl. H e l m o l d vor, bekannt durch den Verfasser der Slavenchronik: Pfarrer H. in Bosau am Plöner See (12. Jahrh.), vgl. auch Helmoldus Aurifaber 1292 in Lüneburg (wo auch der obige Heimet!); noch im 17./18. Jahrh. ist Helmold in meckl. Adelskreisen beliebt. Lebt fort im Familiennamen Helmholtz (bekannter Physiker), wo holtz auf Verhochdeutschung des fälschlich als niederdeutsch aufgefaßten holt beruht (-olt ist verschliffen aus -walt, also „im Helm waltend"). Das Namenwort heim (von helan „hehlen", d. i. „bergen, schützen") war friesisch beliebt, vgl. Familienname Helms.

Henner: südwestdt.-pfälzische Form für H e i n e r = Heinrich. Auch in Familiennamen wie Schmitthenner, d. i. Heinrich Schmitt.

Henning: in Schleswig-Holstein noch heute beliebt; entstanden im 15. Jahrh. im niederdt. Raume bis Rostock und Magdeburg als Koseform zu Johannes (auch Johenning ist belegt). Urkdl. Zeugnisse: Henning Wulf = Henneke Wulf = Johannes Wulf 1442 in Rostock, Henning Valke = Joh. V. 1372 Stralsund, Henning Balow 1420 Friedland in Meckl. Henning Kortemouwe „Kurzärmel" 1433 Haldensleben, Henning Witte 1600 Flensburg.
Das niederdt. -ing diente urspr. patronymisch zur Bezeichnung der Abstammung (vgl. die Ludolfinger als Nachkommen des Ludolf!), nahm dann aber auch den Sinn eines Kosesuffixes an wie noch heute niederdt. Mining, Stining, „min Lütting" u. ä.

Henny: engl. Kurzform für Henriette (siehe dort!) Vgl. Henny Porten, Star des Stummfilms.

Henriette, Jettchen: als weibl. Ableitung von franz. Henri (Heinrich) mit der franz. Kultur des 17./18. Jahrh. zu uns gekommen; wie Annette, Nannette, Lisette, Susette vom Rokoko bis zum Biedermeier beliebt. Schon 1648 wurde die Großmutter Zinzendorfs, eine Freiin von Friesen, so getauft und schon 1627 die Kurfürstin Luise Henriette. Bekannt sind Henriette Herz 1764, als Freundin Schlegels, Schleiermachers, Humboldts, Börnes, dann Henr. Paalzow geb. Wach 1788, Henr. Feuerbach, die Mutter des Malers usw. Der vielgelesene Roman „Grandison" 1753 des Engländers Richardson hat zur Beliebtheit des Namens sicherlich beigetragen. Vgl. auch G. Hermanns Roman „Jettchen Gebert" (Forts. „Henriette Jacoby") 1906/08, der im jüd. Milieu der Biedermeierzeit spielt. Volkstümlich war die Zitronenjette in Alt-Hamburg.

Henry: engl. Kurzform zu Heinrich, vgl. auch Harry!

Herbert: germ. altdt. hari, heri „Heer" und bercht „glänzend, ruhmvoll". Im Mittelalter auf den niederrheinisch-norddt. Raum beschränkt, wie schon die Form bert verrät, die oberdt. bercht, brecht lauten müßte. Der Name ist nie volkstümlich gewesen, sondern vom Adel bevorzugt worden. Im Rheinland wird ein H. (Erzbischof v. Köln um 1000), Freund Ottos III., verehrt. Ein Erzbischof von Mailand (Kaiser Konrads II. Gegner) nannte sich romanisch frisiert Aribert (vgl. heute Aribert Wäscher). Niederdt. ist Harbert (heute Familienname, nebst Harbers, Harberding u. ä.). Daneben begegnet im Mittelalter auch Herbort (niederdt. Herbord, nebst Borde, Bordeke), zu germ. bord „Schildrand", vgl. den Dichter Herbort von Fritzlar um 1200.
Die Form Heribert ist gesucht archaisch, bes. im Adel, vgl. Wolfg. Heribert Frhr. von Dalberg 1750, Schillers Freund, Intendant zu Mannheim; Heribert Rau 1813, Autor biogr. Romane; Herbert Eulenberg 1876. Herbert hieß auch Bismarcks ältester Sohn. Noch um 1900 war der Name gebräuchlich, heute ist er außer Mode.

Herlinde: so heißt in der germ. Spielmannssage von König Rother die Dienerin der Königstochter am byzant. Hofe. Modisch seit den 30er Jahren.

Hermann: zu altdeutsch heri „Heer“, meint also „Krieger“. Im Mittelalter berühmt durch Landgraf Hermann von Thüringen, Gatten der hl. Elisabeth, den Mäzen unserer mhd. Dichter um 1200, und durch den Sachsenherzog Hermann Billung, gest. 973, auch durch Hermann von Salza, den Hochmeister des Deutschen Ordens, gest. 1239.
Mit der Überschwemmung unserer altdeutschen Namenwelt durch Heiligennamen und bibl.-alttestamentliche verschwindet H. seit dem 15. Jahrh. und wird erst durch Klopstocks patriotische Dramen („Hermannsschlacht“, „Hermann und die Fürsten“, „Hermanns Tod“) und durch die Romantik zur Zeit der Freihcitskriege wieder zum Leben erweckt. „Möge doch bald in allen echt deutschen Familien der Name Hermann sich von Geschlecht zu Geschlecht fortpflanzen und uns nie der Vorwurf treffen, daß wir nur neuere, fremde Helden vergöttern und ältere, so hehre Retter Deutschlands der Geschichte überlassen“, ruft 1816 der Prediger des Deutschtums Beneken in seiner Schrift „Teuto“. Die Gleichsetzung von Hermann mit Arminius, dem Befreier Germaniens von den Römern, war ein verbreiteter Irrtum (so schon 1690 bei Daniel C. von Lohenstein „Arminius oder Hermann nebst Thusnelda“).
1821 erschien auch Kleists Drama „Die Hermannsschlacht“, und nicht zuletzt hatte auch Goethe mit „Hermann und Dorothea“ (1798) dem Namen H. Vorspann geleistet. So haben wir im 19. Jahrh.: Herm. Helmholtz, Herm. Hesse, Herm. Löns, Herm. Burte, Herm. Grimm, Herm. Göring. – Niederdt.-fries. ist Harm(en), vgl. Klaus Harms; in Schlesien beruht Menzel (vgl. Adolph v. M.) auf e. alten Koseform (vgl. Joh. Hermenzel 1344 in Liegnitz).

Hermine, Herma: typische Neubildung der Klassikerzeit (vgl. Helmine und Helma) mit romanischer Endung, die Jean Paul für altdeutsch (!) hielt (und daher Mißgeburten wie Goldine und Blumine zuwege brachte). Im 19. Jahrh. finden wir den Namen in Gottfried Kellers „Fähnlein der sieben Aufrechten“; dann eine Hermine Villinger (1847, „Schwarzwaldgeschichten“), Hermine Körner (Schauspielerin), Hermine von Schönaich-Carolath (2. Gemahlin Kaiser Wilhelms II.), Hermine von Hillern 1860. Eine Herma v. Skoda (1879 Pilsen) schrieb Gedichte.

Hertha: Ende des 19. Jahrh. aufgekommener Modename (vgl. den Roman „Hertha“ 1890 von Ernst Eckstein und den „Hertha-See“ auf Rügen!). Hertha ist eine falsche Lesung für den Namen der germ. Göttin Nerthus, von der Tacitus („Germania“ Kap. 40) berichtet; sie wurde von Ostsee-Germanen auf einer Meeresinsel als Mutter Erde (als Fruchtbarkeitsgöttin) verehrt; bei ihrem Frühjahrskultfest hielt sie auf geweihtem Wagen (mit Kühen als Vorspann) ihre Umfahrt; Wagen und Bild der Göttin wurden im verborgenen See gebadet, ihre Sklaven in ihm (als Menschenopfer) ertränkt.

Herwig: aus der Heldensage bekannt als Verlobter Gudruns (her „Heer“, wig „Kampf“). Familiennamen Herbig, Harbig.

Hieronymus: Kirchenvater, Schöpfer der „Vulgata“ (lat. Bibelübers. um 400: „H. im Gehäus“!). Vgl. H. Bosch, Maler um 1500; H. Jobst bei W. Busch. Frz. Jerôme. Wörtl. „mit heiligem Namen“.

Hildebol: beliebt einst im Adel; so hieß ein Berater Karls d. Gr., auch ein schwäb. Minnesinger um 1200: Hiltbolt von Schwangau.

Hildebrand: der Waffenmeister Dietrichs von Bern, volkstümliche Sagengestalt, noch im 15. Jahrhundert im jüngeren Hildebrandsliede besungen. Als Vorname nicht mehr gebräuchlich (hild „Kampf", brand „flammendes Schwert").

Hildebrecht: süddt. Heiligenname (hild „Kampf", brecht „glanzvoll"). Vgl. Hildebrecht Hommel, Philologe.

Hildegard (Hilde): einer der schönsten altgermanischen Frauennamen, der im Mittelalter von Adels- und Fürstengeschlechtern bevorzugt wurde (schon Karls des Großen zweite Gattin hieß so) und dadurch vor Entwertung geschützt blieb, im Unterschied zu anderen einst auch vornehmen Namen wie z. B. Macht-, Mechthild, dessen starke Verbreitung zu der anstößigen Kurzform Metze führte. Eine hl. H. war Äbtissin bei Bingen (gest. 1178).
Volkstümlich war im Mittelalter Hildegund (hild wie gund meint „Kampf") als Nachklang der Heldensage von Walthari und H. (9/10. jahrh.) Die Koseform Hilde, meist Hille, steht daher urkdl. meist für Hilde-, Hillegund. In der Mythologie (der Angelsachsen) heißt die Milchstraße „Frau Hilden Straße". Niederdt.-fries. ist Hilleke, Hilke. Seltener war Hildburg mit der Koseform Hibbele (1378 Hoya) bzw. fries.-dithm. Hebbel (urkdl. für Hildburg und Heiburg), vgl. auch Hille, und Hebbel, adl. Schwestern 1360 Rendsburg. Noch seltener war Hildeswind, in Hamburg und Bremen in der alts.-fries. Form Hildes(w)id bezeugt (vgl. Hrothswid: Roswitha).
Zu Hildegard vgl. auch Irmgard, Liutgard, (mit ungedeutetem -gard).

Hildegund: heute vereinzelt, siehe unter Hildegard!

Hilke, fries. **Hiltje:** (wie Alke: Altje), siehe unter Hildegard, -gund! Hille, Hilleke und Hildegunt steht in Stralsund um 1300 für dieselbe Person!

Hilmar: verschliffen aus germ.-altdt. Hildemar (wie Hilger aus Hildeger), zu hild „Kampf" und mar „berühmt". Wie Hildeger im nordwestdt. Raume beheimatet, daher noch heute z. B. in Hamburg Vor- und Familienname. Ein hl. Hildemar begegnet schon im 11. Jahrh. am Hofe Wilhelms des Eroberers in England. Mehrere Hildemar und Hilmar auch in Alt-Bremen und Alt-Stralsund um 1300. (Siehe Bahlow, Dt. Namenbuch, 1933). Heute Hillmer(s). Variante ist Helmer. Vgl. Hilma und Helma!

Hiltrud: Modename (hild „Kampf"). Vgl. Helmtrud.

Hinrich, Hinnerk: niederdt.-fries. für Heinrich.

Hjalmar: dänisch-schwedische Sagengestalt, Verlobter der Ingibjörg. Bei uns bekannt geworden durch den Reichsbankpräsidenten Dr. Hjalmar Schacht und Hjalmar Kutzleb, Schriftst. 1885. Hjalm steht nordisch für Helm. Einfluß Ibsens liegt nahe, vgl. Hjalmar Ekdal in der „Wildente" 1884!

Holger: Name des dänischen Nationalhelden Holger Danske. Vgl. Selma Lagerlöfs „Abenteuer des kl. Nils Holgersson mit den Wildgänsen“. Heute noch modisch beliebt.

Horst: um 1900 modisch auftretend, zweifellos künstlich-literarischen Ursprungs; schon in Klopstocks „Hermannsschlacht“ 1769 begegnend und durch die Ritter- und Räuberromane, später durch Familienromane als adliger und dann bürgerlicher Vorname kolportiert.
Heute bekannt durch Horst Buchholz, Filmschauspieler; vorher durch Horst Wessel. Gedacht und deutbar etwa als „Buschritter“, „Buschräuber“!

Horstmar: vereinzelt modisch in den 30er Jahren.

Hubert: eigtl. germ. Hugiberht „durch Denk- und Gedächtniskraft glänzend“ (vgl. die Wodansraben Hugin und Munin!). Hat sich nur als landschaftlicher Heiligenname des Rheinlandes gehalten, daher rheinische Familiennamen wie Hübbers, Huppertz u. ä. Der Allgemeinheit bekannt als St. Hubertus, Patron der Jäger (urspr. Herzog bei Pippin, dann Einsiedler und Bischof; Apostel der Ardennen, † 727).

Hugo: uralte Kurzform zu den germ. Namen mit Hug-, d. h. „Gedanke“, Denkkraft, vgl. die Wodan begleitenden Raben Hugin und Munin (Gedanke und Gedächtnis), Näheres in J. Grimms Mythologie S. 122 und 559.
Beliebt und volkstümlich wurde Hugo bei den Westfranken durch Graf Hugo Capet (vgl. die Capetinger!), König von Frankreich im 10. Jahrh., und durch seinen Vater, Hugo den Großen. Daher in Frankreich: Victor Hugo (1802, Dichter), die Hugenotten usw.
In Deutschland war der Name im Süden beheimatet, vgl. Hugo v. Trimberg 1300, daher dort Familiennamen wie Hug, Haug, Hauck. Seine Beliebtheit im 19. Jahrhundert beruht auf künstlicher Wiederbelebung durch die Ritter- und Räuberromane um 1800, auf deren Konto auch Kuno, Benno, Bruno usw. gehen! Auch Müllners Schicksalsdrama „Die Schuld“ 1813 hat Hugo popularisiert.
So begegnen: Hugo Behrens 1820, Hugo Frhr. v. Blomberg 1820, Hugo Eckener, Hugo v. Hofmannsthal.

Hulda: = Holda = „Frau Holle“. „Frau Holle kam aus dem Berg hervor“ heißt es in Wagners „Tannhäuser“. Auch Luther kannte „Frau Hulda“. Ahd. hold, alts. huld meint wie noch heute „hold, gnädig, günstig gesinnt“, vgl. mhd. die guoten holden = „die g. Hausgeister“. Als Vorname erst im 19. Jahrh. vorübergehend Mode, „Tante Hulda“ wie „Tante Frieda“! Heute altmodisch-komisch klingend, so auch im Schlager „Ist denn kein Stuhl da – für meine Hulda?“

Humbert: d. i. Hunibert, vgl. H u m b o l d : Hunibald u. H u m f r i e d : Hunifred, traditionell im burgund. Savoyen, daher ital. Umberto. Ein Hunimund war Ostgotenkönig (hun „Kraft“ wie in Hüne, vgl. in der Edda: Siegfried der huneske, d. i. der hünenhafte).

I

Ida: wie Emma, Irma, Bertha u. ä. gehört auch Ida zu den uralten german. Frauennamen, die von den Ritterromanen um 1790/1800 und der Romantik in Aufnahme gebracht wurden (vgl. Heinr. A. Müllers Roman „Ida“ 1813), zunächst beim Adel: 1805 Ida Gräfin Hahn-Hahn (die Tochter des Theatergrafen) und 1815 Ida v. Düringsfeld. Volkstümlich wurde der Name in der zweiten Hälfte des 19. Jahrh., begünstigt durch Bühne und Literatur, so durch die Straußoperette „Die Fledermaus“ 1854; vgl. auch Andersens Märchen „Die Blumen der kleinen Ida“. Vom Film bekannt ist Ida Wüst.
Aus der altdt. Zeit seien genannt: Ida als Gattin Pippins (7. Jahrh.) und Ida als Gattin Herzog Ludolfs (10. Jahrh.).
Oberdt.-schweizer. ist die Form Itta (vgl. Oda – oberdt. Uta), dazu Familienname Ittensohn. Zugrunde liegt ein germ. Wort für „weibliches Wesen“ (ags. ides, ahd. itis), vgl. die idisi, die Walküren, im Merseburger Zauberspruch, die den Gefangenen der Schlacht ihre Bande lösen.

Iduna: selten; in der nord. Göttersage die schöne, junge Gattin Bragis. Als Hüterin der Äpfel, durch die die Götter sich jung erhalten, gilt sie als Göttin der ewigen Jugend (daher auch Name von Lebensversicherungen!)

Ignaz: kath. Vorname in Bayern und Österreich. Erst mit dem 18. Jahrh. (wie Aloys, Franz Xaver usw.) als Jesuitenheiliger in Aufnahme gekommen. Ignatius von Loyola, gest. 1556, war Gründer des Jesuitenordens; er seinerseits nannte sich nach dem altchristl. Bischof Ignatius von Antiochia (Märtyrer a. 107). Ein Ignaz Arnold 1774 war Hauptvertreter des Räuberromans („Schinderhannes“ usw.), ein Ignaz Castelli (1781 Wien) Begründer der österr. Dialektdichtung, ein Ignaz Döllinger bekannter kath. Politiker der Bismarckzeit. Koseform: Naz(i), Nazerl.

Ilja: (= Elias) altruss. Sagenheld: Ilja von Murom (Iljas von Reußen). Vgl. Ilja Ehrenburg!

Ilka: siehe Ilona!

Ilona: ungarische Form von Helena,s. dort!

Ilse: ursprünglich wohl wie Else mythische Gestalt einer germ. Wasser Jungfrau oder Nixe (vgl. die Else in der Wolfdietrich-Sage!). Seit dem Aufkommen des Heiligennamens Elisabeth (s. diese!) um 1300/1400 empfand man Ilse wie Else als Kurzform hierzu (Ilse, Ilseke, Ilsebe, Ilsebeth stehen urkundlich für einander!) Beliebt wurde Ilse im 19. Jahrh.: vgl. Gustav Freytags Ilse in der „Verlorenen Handschrift“ 1864 (auch seine dritte Frau hieß so); eine „Prinzeß Ilse“ schrieb 1897 Bertha Clement.

Aus dem Märchen vom Fischer un siner Fru stammt die Ilsebill („Meine Frau die Ilsebill will nicht so wie ich wohl will"), danach die Märchenoper von Fr. Klose.

Immanuel: siehe E m a n u e l !

Immo: fries. für I r m o ! Ebenso Imke 1860 für I r m a !

Ina: bekannt durch Ina Seidel und ihren Roman „Das Wunschkind", heute durch die Schauspielerin Ina Peters. Siehe I n k e n !

Inge(borg): Frauengestalt der altnord. Frithjof-Sage, seit deren Bearbeitung (durch Tegner 1825) und Übersetzung (durch Amalie Freiin von Imhoff 1826) auch in Deutschland bekannt geworden; größere Beliebtheit des Namens hat erst Bernhard Kellermanns Roman „Ingeborg" 1906 bewirkt. In Flensburg war Ingeborch schon im 16. Jh. üblich!

Ingmar: selten (siehe I n g o !). Aus der Geschichte bekannt ist Arminius' Vatersbruder Ingwiomer (mar meint „berühmt"). Vgl. Ingmar Zeisberg.

Ingo: erst durch Gustav Freytags „Ahnen" (Ingo und Ingraban) um 1875 in Aufnahme gekommen. Ingwio war der Stammgott der Nordsee-Germanen, der Ingwäonen; auch der erste ostdän. König hieß so. Vgl. Vollnamen wie Ingwiomer (Onkel des Arminius), Ing-hraban („Rabe"), Ingbert (Heiligenname), Ingwer (nordfries., vgl. Familienname Ing-wersen), Ingolf, Ingrid, Ingeborg.

Ingolf: selten, (olf meint „Wolf" des Wodan).

Ingrid: in den zwanziger Jahren aus Skandinavien importiert (wie neuerdings S i g r i d und A s t r i d), rid meint „Reiterin". Ingrid Andree 1931! Aus der Filmwelt bekannt ist Ingrid Bergman, geb. 1918 in Schweden!

Inken: weibl. Modename (selten), bekannt durch Inken Sommer, Schauspielerin, und Inken Schnoor. Vgl. fries. Ineke und Ina, auch Inse, Insche. Ineke Oneken 1527, Friese.

Insa: weibl. Modename (selten), vgl. fries. Inse und Insche! (wie Gese, Gesche und Telse, Telsche).

Irene: griech. eirene „Frieden", die griech. Göttin des Friedens. In der Geschichte der alten Kirche spielt die byzantinische Kaiserin Irene (8. Jahrh.) eine Rolle, sie wurde auch heilig gesprochen. Aus dem Mittelalter ist die byzantinische Gattin König Philipps von Schwaben 1208 zu nennen, aus der Neuzeit die Gattin des Prinzen Heinrich von Preußen (geb. 1866 am Tage des Friedensschlusses!), auch die Enkelin der Bettina v. Arnim: Irene Gräfin Flemming 1864 und die heutige Prinzessin Irene v. Griechenland (!).

Iris: einer der heutigen Modenamen. Es ist die griech.-lat. Bezeichnung des Regenbogens (daher auch = Regenbogenhaut des Auges). In der Mythologie (Vergil, Ovid) die Botin der Juno, auf ihrem Bogen zur Erde fahrend; silberne Tautropfen waren ihr Gewand. Später auch Name der Schwertlilie.

Irma, Irmchen: Koseform zu Irmgard (siehe dort!)

Irmfried: Irminfrid war der letzte König des 531 untergegangenen Thüringerreiches. Vgl. unter Irmgard!

Irmgard: altdeutscher Name (Irmin war Beiname des höchsten germ. Himmelsgottes Tiu, im Sinne von „gewaltig groß"). Gegenüber dem einst populären Irmentrut hat Irmgard stets vornehmeren Charakter gehabt, vgl. Irmgard als Gattin Kaiser Ludwigs des Frommen (um 800) und Irmgard als Tochter König Ludwigs des Deutschen (Äbtissin) um 850, auch Irmgard Herzogin v. Schwaben, Gattin Kaiser Ottos III. 1050. Nach Jahrhunderten der Vergessenheit hat erst die Romantik um 1800 den Namen wieder aufgefrischt (so z. B. A. Müllner in der Schicksalstragödie „König Yngurd" 1817); siehe auch: Armgard!
Die Kurzform Irma hat Auerbach mit seinem vielgelesenen Roman „Auf der Höhe" 1865/93 verbreiten geholfen.
„Klein Irmchen" nennt sich ein Kinderbuch von Christian Morgenstern. Nach der Jahrhundertwende wurde Irmgard sogar zum beliebten Modenamen. 1906 erschien ein Roman „Frau Irmgards Enttäuschungen" von Elis. Heinroth. Irmgard Armgard heißt eine Opernsängerin.

Irmo: siehe Irmfried!

Irmtraut, Irmintrud: im Mittelalter allgemein beliebt (siehe auch unter Irmgard!), auch in Adelskreisen (z. B. Gattin des Ritters Embrico von Lahnstein 1217). Irmentraut heißt auch die Altjungfer in Lortzings „Waffenschmied" 1846. Koseform war Irmel (Bahlow, Schles. Nb S. 42).

Isabell: Kurzformen Isa und Bella: spanisch Isabel meint Elisabeth, ital. frisiert Isabella. Als kath. Vorname ist I. ein vor allem dynastisch verbreiteter Name spanischer und französischer Fürstinnen; im deutschen Mittelalter trugen ihn die Gattin Kaiser Friedrichs II., die Gattin Rudolfs von Habsburg u. a. Bekannt ist Isabella Brant, Gattin des Malers Rubens.
Eine Isi war Richard Dehmels zweite Frau, eigentlich Ida.

Isolde: uns als Vorname nur geläufig durch die Schriftstellerin Isolde Kurz, geb. 1853 als Tochter des Dichters Hermann Kurz, der 1844 Gottfried v. Straßburgs Epos „Tristan und Isolde" (aus dem Mhd.) übersetzt hatte! Im übrigen wurde dann natürlich Wagners Oper 1865 anregend.

Ivo: der heilige Ivo (einst in Nordfrankreich bzw. Flandern verehrt) galt als Patron der Juristen. Als kirchl. Rechtsgelehrter war der Bischof Ivo von Chartres um 1100 Vorbild. Noch um 1500 begegnet Ivo sogar in Stettin unter den Heiligen. Uns geläufig ist der Name durch Gerhart Hauptmanns Sohn Ivo H. Ein Ivo der Hairle begegnet bei Berthold Auerbach. – Zur franz. Form Ivon gehört der weibl. Name Ivonne: schon im 8. Jahrh. ist eine Ivonia in Frankreich bezeugt.

J

Jakob: wörtlich (hebr.) „Fersenhalter" (nämlich seines Zwillingsbruders Esau bei der Geburt, 1. Mos. 25, V. 26.). Als christl. Vorname geht J. nicht auf den Patriarchen des Alten Testaments, sondern auf Jacobus den Apostel (Lieblingsjünger und Bruder des Herrn) zurück, dessen angebliches Grab in Spanien zum Wallfahrtsort wurde: Santiago di Compostella (daher Familienname Kumsteller!); die Wallfahrer hießen Jacobsbrüder, vgl. Uhlands Jacobslied! Als bibl. Name im 17. Jahrh. bei Protestanten beliebt, ein Spätling ist Jacob Grimm 1785; in der Schweiz noch heute landesüblich, vgl. Jakob (Köbi) Burckhardt/Basel! Jakob Bächtold, Schweiz. Literaturhistoriker. Bekannte Varianten sind: span. Jago (auch im „Othello"), Jaquelino (im „Fidelio"), Diego; franz. Jacque, vgl. Jacqueline; ital. Giacomo, engl.-schott. James; russ. Jascha; poln. Kuba. Vgl. auch oberdt. Jockei („Da schickt der Herr den Jockei aus"), schles. Jäckel, alem. Köbi, rhein. Köbes, ndd. Köpke, schles. Kopisch (Familienname).

Jan: fries. und holld. für Johann(es). Heute modisch.

Jasper: friesisch für K a s p a r, s. dort! Vgl. den Philosophen Karl Jaspers!

Jenny: engl. für Johanna. Bekannt durch Fontanes Buch „Jenny Treibel" 1892 und durch Jenny Lind, die schwed. Sängerin.

Jens: dän. für Johannes. Vgl. den dän. Dichter Jens Baggesen 1764.

Joachim, heute niederdt. **Jochen**: bibl. Königsname (hebr. Jojakim „Gott richtet auf"). Als christl. Vorname (Joachim und Anna galten nach den Apokryphen als Eltern Marias) wie Anna erst im 15. Jahrh. in Aufnahme gekommen, im 16. Jahrh. begünstigt durch die Reformation (als bibl.!) und die Kurfürsten von Brandenburg: Joachim I. usw.; schon Fischart wußte: „Märker heißen Jochim". In Mecklenburg war sogar Chim üblich! Bekannt sind: J. von Ziethen (gest. 1786), J. Nettelbeck (Kolberg!), J. Winckelmann 1768, J. F. v. Kleist (1788 gest., Vater Heinrichs v. Kl.). Siehe auch unter A c h i m!

Jobst: Mischung aus J o b (= Hiob) und J o s t (= Jodocus).
Bekannt durch Herzog Jo(b)st oder Jodocus von Mähren um 1400 und durch die Gestalt des Hieronymus Jobst bei Wilhelm Busch („Die Jobsiade"). Hin und wieder noch heute, z. B. Jobst von Sydow. Luthers Freund Justus Jonas hieß eigtl. Jobst Koch.

Jochen: volkstümlich für Joachim, norddt. noch heute nicht unbeliebt, auch als H a n s Jochen.

Jodocus: siehe J o (b) s t ! J. ist Heiligenname, nach dem Einsiedler Sankt Jodocus oder franz. St. Josse, aus breton. Adel; er gründete die Benediktiner-Abtei St. Josse sur Mer bei Calais. Vgl. Jost Trier „Der hl. J."

Johanna: in der Bibel begegnet Johanna neben Maria Magdalena unter den Frauen, an denen Jesus Wunderheilungen vollbracht hatte und die ihm nun mit den Jüngern folgten (Ev. Lukas 8, V. 3.) Im Mittelalter taucht der Name erst spät auf, fast nur in Fürstenhäusern, z. B. im engl. Königshause, in Burgund (neben Maria) usw.; bekannt ist die Päpstin J. in Mannskleidern (9. Jahrh.), J. die Wahnsinnige, Gattin Philipps des Schönen und Mutter Karls V., und die Nationalheldin Frankreichs: Jeanne d'Arc, ein Bauernmädchen aus Lothringen (1412–31), uns geläufig durch Schillers Tragödie „Die Jungfrau von Orleans" (1801/03): „Johanna geht und nimmer kehrt sie wieder." Als Vorname ist J. erst seit dem Pietismus des 18. Jahrh. aufgekommen: vgl. Johanna Fahimer, Goethes Freundin, und Johanna Schopenhauer (des Philosophen Mutter). Eine Johanna Sebus verherrlichte Goethe als Lebensretterin in einer Ballade 1809. Auch Bismarcks Gattin hieß Johanna. Und noch um 1865 nannten des Verfassers Großeltern ihre Töchter: Martha, Marie und Johanna, familiär: H a n n a , Hannchen, so schon bei Gellert: „denn Hannchen war ein schönes Kind." Vgl. auch „Hanneles Himmelfahrt" von Gerhart Hauptmann. Aus Johanna Eleonore ist unser H a n n e l o r e geworden. Uns geläufig ist Johanna (Hannchen) Matz als Filmstar.

Johannes: (Kurzform H a n s , siehe dort!) hebr. Jochanan „Gott ist gnädig", hellenisiert in griech.-lat. Gestalt Jo(h)annes. Es ist der Name Johannes des Täufers (des „Größten, der je vom Weibe geboren": Matth. 11, V 11); ihm wurden sämtliche Taufkapellen geweiht, was zur außerordentlichen Verbreitung und Volkstümlichkeit des Namens beigetragen hat. Am Ende des Mittelalters war er der häufigste aller kirchl. Taufnamen, so daß er zahlreiche Kurz- und Koseformen bildete, die noch als Familiennamen fortleben; zusammen mit Margarete bildete er Hans und Grete, wie vorher Heinrich und Konrad: Hinz und Kunz.
Als bibl. Name wurde er seit der Reformation von Protestanten bevorzugt; zur Zeit des Pietismus meist mit einem zweiten, dem eigentlichen Taufnamen verbunden, daher im 18. Jahrh. Doppelnamen wie Johann Gottfried (Herder), Joh. Wolfgang (Goethe) usw. Bei solcher Häufigkeit konnte er der Entwertung nicht entgehen; sie spiegelt sich z. B. in einem Buchtitel wie „Reise des Bedienten (!) Johann" 1795, so daß Goethe nicht umhin konnte, den Vornamen des histor. Faust, nämlich Johannes, in Heinrich abzuändern! Im Kinderlied „Johann, spann an" und im Gedicht „Johann der muntere Seifensieder" (von Hagedorn) lebt dieser Allerweltsname noch fort. Im 19. Jahrh. (seit der deutschbewußten Romantik und Ritterdichtung!) bürgert sich wieder die alte deutsche Form Hans ein (so schon in Kleists „Käthchen von Heilbronn" 1810). Speziell holsteinisch ist die einst allg. niederdt. Koseform Henning. Süddt.-österr. sagt man auch Hannes, vgl. „Herzog Hannes" für Herzog Joh. von Österreich (1782–1859), daneben Hansl und Hansi; mitteldeutsch ist die schriftsprachl. Koseform Hänschen (vgl. Luthers Hänschen!), so im Kinderlied „Hänschen klein ging allein".
Die im Mittelalter beliebten Koseformen Hensel und Henneke (niederdt.) sind bekannte Familiennamen.

Jörg: wie Jürgen die niederdt. Form, so ist Jörg die oberdt. Form des Heiligennamens Georg (siehe dort!), besonders im Schwarzwald üblich (vgl. Jörg Thoma, Skisportler), heute durch Roman und Film modisch geworden (vgl. Hans Jörg Felmy, Schauspieler). Aus der Geschichte bekannt sind unerschrockene Gestalten wie Jörg Frundsberg (Landsknechtsführer) und „Junker Jörg" (d.i. Luther auf der Wartburg); aus der Literatur: Jörg Wickram von Colmar im Elsaß, Stadtschreiber, Begründer des dt. Prosaromans (bekannt seine Schwanksammlung „Das Rollwagenbüchlein" 1555).

Jörn: niederdt.-friesisch für Jürgen = Georg. Bekannt durch „Jörn Uhl" von Gustav Frenssen 1901; „Jürn Jakob Swehn" von J. Gillhoff.

Joseph: hebr. „Gott vermehre!" Im Mittelalter nur als jüdischer Name begegnend, nach dem alttestamentl. Sohn Jakobs und der Rahel (und seinen Brüdern), der dann im 16. und 17. Jahrh. vielfach dramatisch behandelt wurde. Als Vorname erst mit Beginn des 18. Jahrh. in kath. Landen (kirchlich veranlaßt) in Aufnahme gekommen (ähnlich wie Aloys, Franz Xaver, Ignaz, Theresia usw., unter Mitwirkung des Jesuitenordens). Durch die österr. Kaiser Joseph I. und II. (18. Jahrh.) wurde er zum Lieblingsnamen der Österreicher, vgl. auch Kaiser Franz Joseph (19./20. Jahrh.). Dem Vornamen liegt natürlich nicht der Patriarch, sondern der neutestamentliche hl. Joseph, Gatte der Maria, zugrunde.
Volkstümlich ist die bayr.-österr. Kurzform Sepp, Seppl, rheinisch Jupp. Bekannte Träger: Joseph Haydn 1732, J. v. Eichendorff 1788; Joseph v. Görres 1776 und J. Göbbels 1897, beides Rheinländer.

Josephine: wie Karoline, Philippine, Pauline, Wilhelmine usw. weibl. Neubildung vom zugehörigen Männernamen (siehe Joseph!), typisch fürs französisch betonte 18. Jahrh. Berühmt durch Kaiserin J., erste Gattin Napoleons I. Vgl. auch Jos. Freiin v. Knorr 1827, Wien.

Jost: siehe Jobst!

Julie, Juliane: Julia hieß im alten Rom z.B. die (berüchtigte) Tochter des Kaisers Augustus, Frau des Tiberius. Uns ist der Name geläufiger durch Shakespeares berühmtes Liebespaar „Romeo und Julia". Julie (Julchen) ist zur Zeit unserer Klassiker durch viele Romane beliebt geworden (zunächst in Adelsfamilien), auch in Rousseaus „Nouvelle Heloise" 1761 vorkommend, während vorher lange Zeit die Form Juliane Mode war, bes. in Adelskreisen, seit der Stammutter des Hauses Oranien, J. v. Nassau, Gräfin Stolberg, getauft 1506 auf die Heilige des Namens! Bekannte Namensträgerinnen: Juliane Gräfin zu Schwarzburg-Rudolstadt (geb. 1637), Dichterin des Kirchenliedes „Wer weiß, wie nahe mir mein Ende". J., Königin der Niederlande! Julie v. Hausmann 1826: „So nimm denn meine Hände." Julie Zelter geb. Pappritz 1769. Julie Schlosser, Goethes Nichte 1779, Julie Clodius geb. Stölzel 1755.

Julius: wie August(us) – dem Geist des Humanismus entsprechend – der römischen Geschichte entnommen und erstmalig im Weifenhause 1528 auftauchend, bekannt durch Herzog Heinrich Julius von Braunschweig und seine

Rolle in der Literatur- und Theatergeschichte. Die Julier waren zur Zeit der römischen Republik das vornehmste Geschlecht, dem auch Julius Cäsar angehörte; auch der Monat Juli(us) erinnert an ihn und seine Kalenderreform (365 Tage und Schalttag).
Bekannt sind: Julius Stinde („Familie Buchholtz") 1841, Otto Julius Bierbaum 1865; schon 1754: Julius Graf v. Soden. Vgl. Jules Vernes.
Die Erweiterung Julian, bekannt durch den Christengegner Julianus Apostata („der Abtrünnige") 361 ff., auch Heiligenname, ist vertreten mit Julian Schmidt 1818, Literaturhistoriker. Vgl. franz. Julien.

Jürgen: niederdt. Form von Georg (s. dies!), entstanden aus Genitiv-Verbindungen wie St. Jürgen-Hospital u. ä. Bekannt ist J. Wullenwever, der Lübecker Bürgermeister 1533. Vgl. auch Hertoch Jürgen von Mekelenborch (16. Jahrh.)! Obd. ist Jörg, siehe dort!

Just(us): lat. „der Gerechte". Erst seit dem Humanismus (16. Jahrh.) als Vorname belegbar und zwar als gelehrte Umdeutung des volkstümlichen Jost oder Jobst, d. i. der hl. Jodocus mundartl. „sant Just" gesprochen (so z. B. 1371 in Glatz): so hieß Luthers Freund Justus Jonas eigtl. Jobst Koch und der Flame Justus Lipsius eigtl. Joest! Vgl. auch Justus Moser 1720 („Patriotische Phantasien"), J. Perthes (Buchhändler, Gotha), Justus Liebig (Chemiker).

Justin(us): Apologet und Märtyrer (um 166), auch oström. Kaisername. Erst mit dem Pietismus im 18. Jahrh. als Vorname verwendet, vgl. Justinus Kerner 1786 (schwäb. Lyriker), Frdr. Justin Bertuch (wertvoll sein „Bilderbuch für Kinder") 1747.

Justine: Name einer röm. Kaiserin (um 380) und Heiligen („Santa Justina", Novelle von K. Edler 1894). Erst im 18. Jahrh. als Vorname: so hieß z. B. Lessings Mutter, auch Ziethens Kindermädchen „Jungfer Justine", literar. behandelt von Paul Heyse 1893 und von Gottfried Keller. Noch um 1890 in Wien gebräuchlich.

Jutta: d. i. die biblische Judith, die ihre Ehre dem assyrischen Feldherrn Holofernes opferte, ihn im Schlaf tötete und so ihre Vaterstadt rettete; eine Lieblingsgestalt der Dichtung seit dem 12. Jahrh. (Hans Sachs 1551, Opitz 1635, Hebbel 1840) und dynastisch schon früh bezeugt: so hießen schon Kaiser Ludwigs des Frommen Gattin und Barbarossas Mutter. Volkstümlich Jutte (vgl. Jütte und schlesisch Jüttner als Familienname). Nach Jahrhunderten ist der Name erst in unseren Tagen wieder beliebt geworden.

K

Kai: Modename unserer Tage, fries.-dänischer Herkunft wie der ebenso ungedeutete Uwe (vgl. Kai Uwe von Hassel).
Auch beim dänischen Dichter Andersen begegnet Kai (und Gerda!) im Märchen von der Schneekönigin .
In keltischer Überlieferung ist des Königs Artus Seneschall ein gewisser Keii, Keye.

Karin: schwed. für Katharina (siehe dort!). Seit den 30er Jahren Mode (nach Hermann Görings erster Frau!).
Vom Film bekannt ist Karin Baal.

Karl: es ist der Name Kaiser Karls des Großen, der im Slawisch-Polnischen sogar als Appellativum erscheint: krol = König. Karl (dem Sinne nach = Kerl, freier Mann) war zur Zeit der Karolinger als Fürsten- und Adelsname beliebt, zur Volkstümlichkeit aber ist er im Mittelalter seltsamerweise nicht gelangt! Erst im 18. Jahrh. und dann durch die Ritterpoesie um 1800 und die vorzeitbegeisterte Romantik ist Karl wieder gebräuchlich und uns geläufig geworden, heute freilich schon wieder außer Kurs. In Wien heißen noch um 1890 von 700 Knaben 82 Karl! Zeugnisse: E. M. Arndts Sohn Karl Treu A.; „Karl und Karoline" 1793, Roman von Miller/Ulm; in Schillers „Don Carlos" 1787: „... das kann auch Karl, und Karl kann mehr"; „wo alles liebt, kann Karl allein nicht hassen."
Karlmann ist katholisch übliche Namensform.
Beliebt waren die Doppelnamen Karl Heinrich (Karl-Heinz) – dieser besonders seit der Operette „Alt-Heidelberg" 1902 von Meyer-Förster – und Karl Ludwig (vgl. Charles Louis) sowie Karl Theodor. Aber auch schon früher begegnen: Karl Heinrich v. Bogatzki 1690, K. H. Baumgärtner 1798. Zu K. Theodor vgl. K. Th. von der Pfalz (Kurfürst), Karl Theodor Körner 1791. Zu K. Ludwig vgl. K. L. Frhr. von Pöllnitz 1692. Bekannt ist auch die Verbindung Karl August (von Weimar).

Karla: modische Form des 19./20. Jahrh.

Karola: zur lat. Form Carolus für Karl.
Vgl. Carola Höhn (Filmschauspielerin).

Karoline: Lieblingsname des 18. Jahrh. und noch bis zur Biedermeierzeit, mit der romanischen (franz.-ital.) Endung -ine wie Wilhelmine, Josephine, Philippine, Ernestine, Hermine, Leopoldine, Christine, Bernhardine, Clementine, Pauline, Valentine usw., lauter weibl. Ableitungen von Männernamen, hier zu Karl. „Karl und Karoline" hieß 1793 ein Roman. Bekannt sind: Karoline v. Günderode 1780 (Bettinas Freundin), K. v. Humboldt geb. v. Dacheröden 1766, K. Herder geb. Flachsland 1750, K. Jagemann, Schauspielerin (Geliebte Karl

Augusts v. Weimar), K. Neuberin 1697! Bei Gellert heißt es: „Ein Freier kam, man wies ihm Philippinen: allein sein Herz blieb frei, er wollte wieder gehn. Kaum aber sah er Karolinen, so blieb er vor Entzücken stehn."
In dynastischen Kreisen begegnet Karoline schon 1721 mit der Landgräfin von Hessen-Darmstadt, der Großmutter sowohl König Friedrich Wilhelms III. als auch der Zaren Alexander und Nikolaus, und der Schwiegermutter Herzog Karl Augusts.

Karsta: siehe C a r s t a !

Karsten: niederdt.-dithm.-friesische Form für Kersten, d. i. Christian

Kaspar: Von den Namen der hl. drei Könige – Caspar, Melchior und Balthasar – wurde durch die Legende und die Dreikönigsspiele im späten Mittelalter neben Balthasar vor allem Kaspar (der Mohr!) volkstümlich. Bekannt sind Kaspar von der Rhön (1430, Schreiber des „Heldenbuches"), K. Melissander 1540, K. Neumann 1648 und K. Schade 1666, Kirchenlieddichter, Joh. Kaspar Goethe 1710, Joh. K. Schiller 1723, Joh. K. Lavater 1741, der Züricher Physiognom; Caspar David Friedrich (1774, Maler) und der rätselhafte K. Hauser 1828. K. Wilh. v. Borcke war erster dt. Shakespeare-Übersetzer. Die Abwertung des Namens durch die Figur des Kasperle, der im 18. Jahrh. den alten deutschen Hans Wurst zu verdrängen begann – auch der geschwärzte Mohr hatte schon für humoristische Einlagen zu sorgen! – setzte ihn schließlich im 19. Jahrh. außer Kurs.
Den „Suppenkasper" hat der Frankfurter Arzt Dr. Hoffmann 1845 mit seinem „Struwelpeter" erfunden.

Käthe: gegenüber süddeutschen Koseformen wie K a t h i , Kathrein, Käther(l) die eigentlich mittel- und norddeutsche Form von K a t h a r i n a , der populärsten Heiligen des Mittelalters (neben Margareta: Grete!). Luther spricht von seiner lieben Käthe (der einstigen Nonne Katharina von Bora).
Modeform der Goethezeit war K ä t h c h e n (wie Gretchen/Faust und Klärchen/Egmont): vgl. Käthchen Schönkopf und Kleists „K. v. Heilbronn" 1808. Um 1900 wieder gefördert durch Meyer-Försters Operette „Alt-Heidelberg" 1902, seit deren Beliebtheit auch Karl Heinz schnell in Aufnahme kam.

Katharina: neben Margareta und Elisabeth eine Hauptheilige des Mittelalters, wie auch die mannigfachen volkstümlichen Koseformen des Namens bestätigen: vgl. Katrin, Kathrein (oberdt.), Kathi, Katherl (bayr.-österr.), Käthe, Käthchen (mitteldeutsch-protestantisch; Luthers Käthe!), und zu Katrin schließlich T r i n e (vgl. Mine, Trine, Stine!), mit geringschätzigem Unterton. Aus Schweden ist im 20. Jahrh. K a r i n modisch zu uns gekommen, auch russ. K a t j a und K a t h i n k a werden sporadisch übernommen.
Bekannt sind: Katharina v. Medici (gest. 1580), Kath. II. v. Rußland 1729 (Sophie Auguste v. Anhalt).

Kerstin: dän. Modeform für Christine.

Kilian (Kilius, Kill): Patron von Würzburg, Apostel Unterfrankens, daher dort Vorname. Kilian und Coloman waren irische Mönche und Missionare in Franken im 7. Jahrh. Schon Fischart wußte: „Franken heißen Kilian."

Kirsten: dän. Modeform für Christine. Kirsten Heiberg, norw. Schauspielerin.

Kitty: engl. Koseform für Katharina.

Klara: zu lat. clarus „klar, hell, glänzend", auch „berühmt".
Nach der hl. Clara, Stifterin des Clarissenordens, † 1253. Eine Augsburger Nonne Klara Hätzlerin spielt in der Geschichte des Volksliedes eine Rolle (vgl. das Hätzlerische Liederbuch von ca. 1470). Die Klara der Neuzeit (in evang. Kreisen), volkstümlich Ende des vorigen Jahrhunderts als Kinder- und Dienstmädchenname, entstammt der Ritterdichtung um 1780/1800, daher s. Zt. zunächst in Adelskreisen Mode: vgl. „Clara von Bourg" 1798 (Erz. v. Sus. v. Bandemer), „Cl. v. Hoheneichen" Drama v. Spieß 1792. Die franz. Form Claire (noch heute vereinzelt Cläre, vgl. Cläre Waldoff, Schauspielerin) geht auf Rousseaus „Nouvelle Heloise" 1761 zurück. Die Koseform Klärchen verdankte Goethes „Egmont" 1787 ihre Beliebtheit, vgl. Gretchen nach „Faust" und Käthchen (v. Heilbronn) seit Kleist. – Bekannt sind: Clara Viebig (1860, Schriftstellerin), Clara Schumann (Pianistin). Claire v. Glümer 1825; Cläre Waldoff; Cläre Dux.

Klaudia: siehe Claudia!

Klaus: niederdt. Kurzform für Nikolaus, den Patron der Schiffer und seefahrenden Kaufleute (vgl. die zahlreichen Nicolaikirchen an der Waterkant!), auch Schutzherr der Kinder, denen er am 6. Dezember Gaben bringt. Als Heiligenname durch die Kreuzzüge aus dem Orient zu uns gekommen (Nikolaus war angeblich Bischof von Myra in Kleinasien, daher auch in der russ. Kirche verehrt! Vgl. Zar Nikolaus!). Im Mittelalter nächst Johannes und Petrus der häufigste kirchl. Taufname, daher in zahllosen landschaftl. Familiennamen fortlebend, vgl. holst. Claussen, rhein. Claasen, schles. Klose und Nitsche, sächs. Nietzsche usw., niederdt. Klages. „Der große und der kleine Klaus" ist als Märchen von Andersen bekannt. An der fries. Küste herrscht Kla(a)s, Claes vor. Vgl. dän. Niels! Bekannt sind: Klaus Störtebeker, Klaus Narr. Für die Vollform vgl. Nikolaus Kopernikus 1472, N. Graf Zinzendorf 1700, N. Lenau 1802. Russisch ist Nicolai, vgl. N. Hartmann, Philosoph 1882.

Klemens: siehe Clemens!

Klothilde: von der Ritterdichtung gegen 1800 aufgewärmter germ. Name mit westfränk. Anlaut (wie Klothar statt (H)Lothar), zu Hlod „Ruhm" und hild „Kampf"; einst Clothilde geschr., vgl. Chrodhilde, burgundische Königstochter, offenbar das Vorbild der Kriemhild. Jean Paul verwendet den Namen 1795 im „Hesperus"; einen Roman „Klothilde" schrieb 1855 Ida v. Düringsfeld. Die Ausgefallenheit des Namens hat schon Wilhelm Busch 1877 gefühlt: „Ach wie ist der Abend milde! Knopp der wandelt mit Klothilde". Zur lat.-roman. Betonung vgl. Mathilde statt Maht-hild, Meht-hild. Als Vorname noch vereinzelt.

Knut: bekannt als Name mehrerer dänischer Könige im Mittelalter (Familienname Knudsen). Als Vorname erst um die Jahrhundertwende mit dem Einfluß skandinavischer Literatur, besonders durch Knut Hamsuns, des norw. Schriftstellers, Vorbild bei uns in Aufnahme gekommen. „Der König Knut von Dänemark, der war dem Suff ergeben stark, und ward ob dieser Leidenschaft, berühmt in aller Heidenschaft" heißt es im Studentenlied.

Konrad: als altdeutscher Kaiser- und Königsname wurde Konrad (eigentl. Kuonrat) im Mittelalter so volkstümlich neben Heinrich (s. diesen!), daß die Redewendung „Hinz und Kunz" (als Kurznamen dazu) im Sinne von „Jedermann" allgemein wurde. Bekannt ist der sächs. Prinzen-Entführer Kunz von Kaufungen (Ritter) a. 1455, von dem es im Studentenliede humorvoll heißt: „K. v. K. mit zwei Rittern saß in der Waldschenk und trank einen Bittern". „Der arme Konrad oder Kunz „war volkstümliche Bezeichnung des Bauernaufstandes von 1514 in Schwaben. „Schlägt man Heinzen, so hinket Kunz mit davon" sagte man sprichwörtlich im 17. Jahrh. Kon- statt Kun- „kühn" beruht auf latein.-kirchl. Conradus. Viele Konrade kennt auch die mhd. Dichtung, so K. von Würzburg, K. v. Megenberg, Pfaffe Konrad („Rolandslied") usw.
Heute ist Konrad (als Heiligenname!) im wesentlichen auf kath. Kreise beschränkt: vgl. Konrad Adenauer! Schon bei Heinrich Hoffmann (um 1850) hat der Name altertümlichen Klang: „Konrad! sprach die Frau Mama, ich geh aus und du bleibst da!" heißt es im Struwelpeter.

Konstantin: siehe Constantin!

Kord, Cord: siehe Kurt!

Kraft: in Grafengeschlechtern des Mittelalters: Graf Kraft v. Toggenburg, Minnesänger! Noch Leitname im Hause Hohenlohe.

Kriemhild: die bekannte heldische Frauengestalt des Nibelungenliedes, Schwester der Könige Günther, Gernot und Giselher und Gattin Siegfrieds (eigentlich Grimhild, vgl. oberdt. Kudrun für niederdt. Gudrun; grim meint „Maske, Helmschutz", hild meint „Kampf"). Als Vorname erst seit der Romantik und durch Richard Wagners (und Fr. Hebbels) Nibelungendichtungen in Aufnahme gekommen, auch in unserem Jahrhundert in nationaler Hochstimmung wieder vereinzelt zum Leben erweckt (vgl. das Geschwisterpaar Gernot und Kriemhild 1922, das der Vater vom kath. Religionsunterricht abmeldete.) Eine Kriemhild Hausmann macht in unseren Tagen ihrem Namen als Speerwerferin Ehre.

Kunigunde: zu germ. kuni „Geschlecht, Sippe, Nachkommen" (kuninc „König") u. gund „Kampf"; im Mittelalter als Name von Königinnen allbeliebt geworden, besonders durch K., Gattin Kaiser Heinrichs II. (um 1200 heilig gesprochen und in Bamberg begraben, daher noch heute in Franken beliebt in der Koseform Kuni, vgl. Kuni Tremel-Eggert, Dichterin) „Kunneleskraut" meint Thymian.
Im ostdt. schles.-böhm. Raume war die böhm. Königin K., Gattin Wenzels (auch Tochter Ottokars) Ursache der Beliebtheit des Namens mit der Kurz-

form Künne (daher Familiennamen Künscher); K. war in Schlesien noch häufiger als Adelheid und Hedwig. Eine Kunigunde Kreuzer war Hans Sachsens erste Frau (1519 ff.).
Um 1800 haben Ritterdichtung und Romantik den Namen wieder ausgegraben, auch H. v. Kleist verwendet ihn im „Käthchen v. Heilbronn" 1810. Auch die Ballade bedient sich des Namens, der gern Burgfräulein ziert: „Wer hebt das Aug zu Kunigunden" heißt es z. B. im „Gang nach dem Eisenhammer"; und das Volkslied „Als wir jüngst in Regensburg waren" endet mit dem Vers „Als sie auf die Mitt' gekommen, kam ein großer Nix geschwommen, nahm das Fräulein Kunigund, fuhr mit ihr in Strudels Grund."

Kuno: durch die Ritter- und Räuberromane um 1800 (wie „Kuno v. Kyburg" 1795 von Zschokke) Mode gewordene archaische Kurzform zu Kunrat, Kunibert u. ä., später als altdeutsch-komisch empfunden, so bei Wilh. Busch: „Kuno, sag ich, sieh mich an!"
Bekannte Namensträger: Kuno Fischer 1824, Philosoph; K. v. Falckenstein, Erzbischof v. Köln. Kuno heißt auch der Erbförster im „Freischütz" 1821. Der Begriff des Unbeholfenen verbindet sich mit dem „Ritter Kunibert" (im Rheinland auch Heiligenname, vgl. Erzbischof Kunibert / Köln z. Zt. Pippins, 7. Jahrh.). Ein Dichter Herm. Kunibert Neumann 1808.

Kurt: jetzt außer Gebrauch, um 1900 noch sehr beliebt, durch Kontraktion entstandene Kurzform zu altdeutsch Kunrat „kühn im Rat" (wie niederdt. Cord zu Conrad), dem neben Heinrich berühmtesten Kaisernamen des Mittelalters! Vgl. auch Kunz und Kuno! Ein Graf Cordt v. Brockhusen schon 1191 i. O.
Aufgekommen mit der Ritterromantik um 1800, die bewußt auf altdeutsche Formen zurückgriff (wie auch Kuno, Hugo, Benno usw.). Auch bei Zacharias Werner im vielgelesenen Schicksalsdrama „Der 24. Februar" 1810 und bei Houwaldt im Drama „Bild" 1820.
Vielfach in Adelskreisen (Kurt v. Raumer, Curd v. Schlözer), dann populär. In Grimms Märchen sagt die Gänsemagd „Weh, weh, Windchen, nimm Kürdchen sein Hütchen!"

L

Lambert: kath. Heiligenname, nach Bischof Lambertus von Maastricht um 700 (germ. Land-berht). Koseformen Lammeke, Lemke, obd. Lamprecht, rhein. Lempert(z). Vgl. Lambert Schneider, Verlag.

Laura: lat. „Lorbeer“: laurus = griech. daphne: unter diesem Namen (einer eigenen Übersetzung) besang der italienische Renaissance-Dichter Petrarca im 14. Jahrh. seine Geliebte, sie mit der griech. Daphne vergleichend. Von Petrarca, der um 1800 mehrfach in Dramen gefeiert wurde, übernahm Schiller den Namen in seinen Gedichten an Laura, d.i. Luise Fischer 1782 (auch Thekla ist schillerschen „Ursprungs“), und seitdem machte Laura ihren Weg durch die gebildeten Familien, genau wie Thekla, und landete schließlich als sog. „gesunkenes Kulturgut“ auch in dörflichen Kreisen (so noch auf älteren Dorffriedhöfen feststellbar).
Einen Roman „Bodo und Laura“ schrieb 1822 L. v. Baczko. Eine Elsa Laura v. Wolzogen begegnet als Lautensängerin (verwandt mit Schiller!), eine Laura Mohr 1854 als Schriftstellerin.

Laurentius: siehe Lorenz!

Leberecht: pietistischer Satzname, vgl. Gebh. Leberecht v. Blücher 1742, L. Dreves 1816.

Leni, Lenchen: Koseform zu Helene und Magdalene, auch zu Marlene.
Zu Lena vgl. Lena Christ, Schriftst., und Büchners „Leonce und Lena“ 1835.

Lenore: siehe Eleonore!

Leo: lat. „Löwe“, kath., nach Papst Leo d. Gr. Vgl. Leo von Klenze, Münchener Baumeister um 1850 (Pinakothek, Glyptothek usw.).

Leonhard: roman.-germ. Zwitterbildung aus lat. leo „Löwe“ und germ. hard „kühn“, also „löwenkühn“; erst gegen Ende des Mittelalters durch die Cisterzienser vom Rhein her bis nach Bayern-Österreich verbreiteter Heiligenname, nach dem Abt L. (Limoges) im 6. Jahrh., der aus west-fränk. Adel stammte. Auf Grund seiner Legende ist L. Patron der Gefangenen, der Schwangeren und der Landleute, vor allem der Pferde, die noch heute (in Bayern usw.) auf dem Leonardi-Umritt gesegnet werden. Im Alemannischen lautet der Name Lienhard, so in der Schweiz und im Elsaß: vgl. Pestalozzis „Lienhard und Gertrud“. Auch der Dichter Friedrich Lienhard (1865) war Elsässer. Koseform ist Lieni, Liendl. Rhein. Familienname ist Lennartz, Linnartz. Berühmt ist der ital. Renaissance-Maler Leonardo da Vinci. Ein Meistersinger Lienhard Nunnenbeck war Lehrer des Hans Sachs.

Leonie: weibl. Ableitung von Leo(n) mit roman. Endung.

Leonore: siehe Eleonore!

Leopold: d.i. germ. Liut-bald („im Volke kühn"), mit lat. Frisur (Anlehnung an Leo „Löwe"). Als Landespatron von Österreich gilt der hl. Leopold, der Babenberger Markgraf des 12. Jahrh.; seitdem ist L. in Österreich heimisch und beliebt; bei den Wittelsbachern in Bayern lautet der Name Luitpold, daher Familiennamen wie Leupold, Leipelt. Berühmt ist der Geschichtsforscher Leopold von Ranke (1795–1886). Kurzform ist Poldi.

Lex: siehe Alex!

Liane: Name einer tropischen Schlingpflanze. Uns geläufig durch Liane Haid, Filmschauspielerin.

Lienhard: siehe Leonhard!

Liese, Liesel, Lieschen: Koseformen zu Elisabeth. Vgl. das „Gänseliesl" und das „fleißige Lieschen" (Blume).

Li(e)selotte: Doppelname für Elisabeth-Charlotte, berühmt durch die urwüchsige L. von der Pfalz 1652 und ihre Briefe vom Versailler Hof. Um 1900 wieder Mode gewesen. Vgl. auch O. Gersters Oper „Madame Lieselotte" 1933.

Lil(l)i: Koseform zu Elisabeth, aus Goethes Leben bekannt durch Elisabeth oder Lilli Schönemann, seine Jugendliebe. Heute bisweilen auch für Luise gebraucht.

Lil(ian): engl. Koseform für Elisabeth. Vgl. Lil Dagover und Lilian Harvey, Filmschauspielerinnen.

Lilo: Kurzform für Liselotte. Vgl. Lilo Pulver, Filmstar.

Lina: Kurzform zu Karolina und Pauline. Im 19. Jahrh. beliebt.

Linda: z. Zt. der Romantik aufgekommene Kurzform zu Theudelinda (= mhd. Dietlinde) u.ä. -lind-Namen (vgl. Gotlinde, Gerlinde, Sieglinde, Adelinde). Ein Drama „Theudelinda v. Baiern, Königin der Langobarden" schrieb 1803 F. Chr. Schenkert, einen Roman „Th." 1815 Fouqué. Als Linda erscheint Jean Pauls Freundin Charl. von Kalb in seinem Roman „Titan" 1800.

Linus: seltener kathol. Vorname, nach dem Papst L., dem ersten Nachfolger Petri. Auch Paulus nennt unter den ersten Christen einen Linus (im 2. Brief an Timotheus V. 21).

Lipp, Lipp(er)l: süddt.-österr. Kurzform zu Philipp. Vgl. den Ausdruck Batzenlippel für Dummkopf und die Hanswurstfigur Lipperl im Volksschauspiel.

Lisa: Kurzform für Elisabeth, vgl. Elisa!

Lisbeth: im 19. Jahrh. für Elisabeth beliebt, durch literar. Vorbilder begünstigt (z. B. in Immermanns Roman „Münchhausen" 1839).

Lisette: im 18. Jahrh. beliebte Form für Elisabeth mit frz. Endung (typischer Zofenname); z. B. bei Gellert.

Lissy: engl. Koseform für Elisabeth. Vgl. auch Betty!

Liud-: d. i. „Volk, Leute", obd. Liut-, ndd. Lud-, wie in Liutbald (Liut-pold), Liudbert (Lübbert), Liutbrand (Leibbrand), Liutfrid, Liutger (Ludger), Liutold (Leuthold), Liutolf (Ludolf), Liutwin (Leutwein). siehe auch L(i)utgard unter Lutgard!

Lola, Lolita: spanische Lallformen für Dolores, eigentlich „Mater dolorosa" („schmerzensreiche Mutter") = Maria.
Bekannt geworden durch die spanische Tänzerin am Hofe Ludwigs I. in München: Lola Montez. Auch Aloisia Kirschner (1864/Prag) nannte sich als Romanschriftstellerin Lola K. Zur span. Endung -ita (wie in Senorita) vgl. Anita (= Anna). Eine Lola auch in der Oper „Cavalleria rusticana".

Loni, Lonni: Kurzform zu Leonie und zu Apollonia, Name einer Heiligen, Patronin gegen Zahnweh. Vgl. Loni von Friedel, Schausp.

Lore: deutsche Kurzform zu Lenore, d. i. Eleonore (siehe dort!). Bekannt durch das Volkslied von der „Lore am Tore" und durch die „Loreley" von Heinrich Heine und von Clemens Brentano. Die Form Lora hat sich als Name für Papageien eingebürgert.

Lorenz: eingedeutschte Form vom Heiligennamen Laurentius (Märtyrer, gest. 258), als Vorname kaum noch gebräuchlich, aber bekannt als Familienname, desgl. die süddt. Kurzform Lenz und die ndd.-holst. Kurzform Frenz (statt Lafrenz, nebst Lewerenz). Schwed.-dän. sind Lars und Laurits (vgl. Rilkes „Malte Laurids Brigge" 1909). Englisch Lawrence, frz. Laurent, ital. Lorenzo. Vgl. Lorenz Westenrieder 1748, kath. Historiker.

Lothar: westfränkisch für germ. Hlod-hari („Ruhm" u. „Heer"), archaisch erstarrte Form, berühmt als Königs- und Herzogsname durch Lothar I., Nachfolger Karls d. Gr., Lothar II. (dessen Reich Loth(a)ringeni) und Lothar v. Supplinburg (Herzog v. Sachsen, 12. Jahrh.). Heute nur selten in Gebrauch, Ende des 19. Jahrh. ähnlich wie Manfred (der Hohenstaufe) durch die Belebung vaterländischen Geschichtsinteresses eine Zeitlang Mode gewesen.

Lotte: die deutsche Kurzform zu Charlotte (siehe dort!), schon im 16. Jahrh. die volkstümliche Form, auch in Verbindung mit Elisabeth: Liselotte von der Pfalz. Vgl. auch Hillers Singspiel „Lottchen am Hofe" (um 1770) und bes. Goethes „Werther"!

Lucie: nach der heiligen Lucia, Patronin der Augenkranken (zu lat. lucere „leuchten", lux „Licht"). Im Mittelalter auch endbetont, daher die Kurzform Zeie, so altrheinisch. Vgl. auch die adventliche Luzia mit der Lichterkrone in Schweden! Engl. Form ist Lucy, frz. Lucie und Lucienne. Die Weiterbildung Lucinde ist bekannt durch Friedrich Schlegels romant. Bildungsroman 1799 und Eschenburgs Operette „Ernst und L." 1777. In der Filmwelt spielt Lucie Englisch eine Rolle.
Beliebt war früher die Oper „Lucia von Lammermoor" von Donizetti 1835. In G. Kellers „Sinngedicht" 1881: Lucie als Galathee.

Ludger: eigentl. Liudger (germ. liud „Volk", ger „Speer"). Als Vorname nur in Westfalen, nach dem ersten Bischof von Münster, dem hl. Ludger aus Friesland (8. Jahrh.). Ein Sachsenfürst Liutger im Nibel.-Liede.

Ludo: Kurzform zu Ludolf, Ludwig u. ä.

Ludolf: auch Liudolf, obd. Liutolf. In altsächsischen Adelsgeschlechtern beliebt gewesen, daher das Herrschergeschlecht der Ludolfinger (Kaiser Heinrich I., Otto der Große usw.). Koseform war Lüdecke. Lallform: Dudo (daher Familienname Duden). Im 19. Jahrh. vgl. Ludolf Wienbarg (geb. 1802 Altona), Ästhetiker des „Jungen Deutschlands". Ricarda Huch schrieb „Ludolf Ursleu" 1893.

Ludwig: (Koseform Lutz), germ. Hlod-wig = der „Ruhm" und „Kampf" liebt (mit westfränk.-roman. Anlaut Chlodovech, Gründer des Frankenreiches 486 nach dem Sieg von Soissons und Bekehrer der Franken (als des ersten Germanenstammes) zum kathol. Christentum; vgl. auch Chlothar für Lothar und Klothilde für (H)lothild). Durch viele Könige, Fürsten und Adlige berühmt gewordener Name, vgl. Ludwig den Deutschen (Enkel Karls d. Gr.), Ludwig den Baier, Landgraf Ludwig (der Heilige) von Thür., in Frankreich die Könige Ludwig (Louis) XIV. usw. Die Form Louis (mit der weibl. Louise, seit 18. Jahrh. in Deutschland eingebürgert) erscheint in England als Lewis, in Spanien als Luis, in Ungarn als Lajos; Italien hat Luigi neben Ludovico; niederld. ist Lodewik, Lowik, ndd.-rhein. auch Ladewig (vgl. Ladewich Geverdes 1407 Bocholt). In der Sage begegnet König Ludwig von der Normandie als Vater Hartmuts und Gatte Gerlindes, Gudruns Peinigerin. – Ludwig und Louis bürgerten sich besonders seit der Franzosenzeit um 1800 ein, auch als Doppelname Louis Ferdinand: Vgl. Ludwig van Beethoven 1770, Ludwig Uhland 1787, Ludwig Hölty 1748, L. E. Grimm 1790, Ludwig Bechstein 1801, Ludwig Richter 1803, Ludwig Feuerbach (Philosoph) 1804. Bei den Wittelsbachern vgl. König L. v. Bayern (I. u. II.). Vgl. ndd. Ladewig. Auch in jüd. Familien als Vor- und Familienname: Ludwig Philippson (1811, Rabbiner); Ludwig Marcuse; Ludwig Krieg; Emil Ludwig (Schriftsteller, Vater: H. Cohn); Ludwig Börne (eigentlich Lob Baruch).

Luise: weibl. Ableitung von franz. Louis (= Ludwig), daher früher Louise geschrieben. Mit Beginn des Rokoko in Deutschland Mode geworden: vgl. Louise Dorothee, Herzogin v. Gotha, geb. 1710; Luise Fischer (Schillers „Laura" 1782); Luise Hensel (1798, „Müde bin ich, geh zur Ruh") und vor allem Königin Luise von Preußen. Auch eine Schwester Friedrichs d. Gr. hieß Luise, desgl.

die Gattin des Gr. Kurfürsten (Luise Henriette, geb. 1627). Aus der Literatur sind bekannt: Das Idyll „Luise“ von J. H. Voß 1783 und die Luise in Schillers „Kabale und Liebe“ (Luise Millerin) 1784. Marie Luise hieß die Schriftstellerin von Francois, geb. 1817. Dieser Doppelname wurde berühmt durch die österr. Kaiserstochter M. L., Gattin Napoleons I.

Luitpold: siehe L e o p o l d !

Lukas: als biblischer Name (des Evangelisten und Arztes Lukas) in der Reformationszeit sehr beliebt gewesen, auch als Patron der Maler verehrt, vgl. Lucas Cranach! Die kontrahierte Form Lucks, Lux, Laucks, Laux noch als Familienname (vgl. auch Markus: Marcks, Marx!).

Lukretia: Name einer Römerin aus der gens Lucretia, Schwester des Brutus (vergewaltigt von Tarquinius), deren Tragödie im 16. Jahrh. mehrfach literarisch behandelt wurde (Hans Sachs, Jakob Ayrer u. a.), auch im 19. Jahrh. in Dramen und Romanen (Offermann 1876, Gäbeier 1882, Krauß 1899). Uns geläufig ist die berüchtigte Lukrezia Borgia der ital. Renaissance durch C. F. Meyers Roman.

Lulu: auch einfach L u , Lallname, bekannt durch die Schriftstellerin Lulu von Strauß und Torney 1873 und die (berüchtigte) „Lulu“ Frank Wedekinds (als Drama 1913 erschienen, 1962 verfilmt; opernmäßig 1934 von Alban Berg behandelt).

Lutgard: eigtl. L i u t g a r d (liut „Leute, Volk“), beim Adel einst beliebt (Tochter Ottos d. Gr.; Gattin Karls d. Gr.). Heute vereinzelt. Dazu Familienname Laukhardt (Luckart), bekannt durch Magister Laukhardts Memoiren 1792.

Lutz: Koseform zu L u d w i g , siehe dort!
Vgl. Lutz Mackensen (Germanist).

Lydia: „die Lydierin“ (aus Lydien, kleinasiatische Landschaft), nach der Apostelgeschichte Kap. 16, V. 14 eine Purpurkrämerin in Philippi/Mazedonien, die durch Paulus zum Christentum bekehrt wurde.
Im 19. Jahrh. hin und wieder als Vorname anzutreffen, bes. in Pfarrhäusern. Vgl. den Roman „Lydia“ 1844 von Therese von Bacheracht. Engl. Kurzform ist L i d d y .

M

Magda: Kurzform des 19. Jahrh. zu Magdalena, d. i. Maria Magdalena: die aus Magdala stammende, der nach Ev. Markus 16, V. 9 der Auferstandene zuerst erschien; als fromme Büßerin der Legende in der Kunst mehrfach dargestellt. Nach ihr benannt ist der Orden der Magdalenerinnen oder reuigen, weißen Frauen (13. Jahrh.). Aus Maria Magdalena ist der neuzeitliche Name Marlene gebildet (siehe dort!). Engl, ist Maud und Maddy. Magda war um die Jahrhundertwende nicht unbeliebt, nicht zuletzt wohl auch durch die Magda in Sudermanns Schauspiel „Heimat“ 1893. Vgl. Magda Schneider, Schauspielerin.

Magnus: skand. Königsname, seitdem König Olaf von Norwegen der Heilige (gef. 1130) seinen Sohn nach Carolus Magnus (Karl d. Gr.) genannt hatte. Später auch in Norddeutschland mehrfach in Herzogs- und Adelsfamilien. Bekannt ist Magnus von Buchwald, Springreiter. Einen Roman „Magnus Collund“ schrieb 1904 Bernhardine Schulze-Smidt. Ein Fabeldichter war Magnus Lichtwer 1719.

Maja: als Vorname offenbar durch Waldemar Bonsels Roman „Die Biene Maja und ihre Abenteuer“ 1912 in Aufnahme gekommen (z. B. nachweislich bei Maja Bischof, geb. 1913 in Pforzheim). Bei Bonsels ist der Name eine Reminiszenz an seine Indienreise, denn Maja ist eine indische Gottheit: die Verkörperung des Weiblichen schlechthin, dargestellt als verschleierte Schönheit – „Schleier der Maja“! Daß auch die Griechen eine Göttin Maia und die alten Römer eine Naturgöttin Maia (vgl. Monat Mai) verehrten, sei nebenbei bemerkt.
Fast gleichzeitig mit Bonsels schrieb Dauthendey eine Komödie „Maja“ 1911 und Agnes Härder einen Roman „Frau Maja“ 1909.

Malchen: Koseform zu Amalie (auch zu Malwine).

Malte: skand. Name, modisch; bekannt durch Rainer Maria Rilkes Erzählung „Malte Laurids Brigge“ 1909/11.

Malwine: Die Namen des Liebespaares Oskar und Malwine sind in Deutschland mit der Ossian-Schwärmerei des 18. Jahrh. (siehe unter Oskar!) aus Schottland importiert worden. Auch Bismarcks Schwester hieß noch so.

Malwida: ist lediglich durch die Schriftstellerin M. von Meysenbug (geb. 1816 als Ministerstochter) bekannt geworden (vgl. ihre vielgelesenen „Memoiren einer Idealistin“ 1876 ff.).

Manfred: uns geläufig seit Manfred Frhr. von Richthofen, dem berühmten Kampfflieger des Weltkrieges, gef. 1918. Vgl. auch M. Hausmann, Dichter, und M. Kyber (Tiergesch.). Bekannt als Hohenstaufenname normannischer Herkunft (daher -fred statt -fried wie in Alfred!) durch Kaiser Friedrichs II. Sohn Manfred, König von Sizilien 1250, und seinen Untergang im Kampf mit dem Papsttum. Im 19. Jahrh. als Vorname literar. wieder belebt, vgl. Raupachs Hohenstaufendramen 1838, Rogge „Manfred“ 1838, Kleinjung „M.“ 1897, G. Fuchs „M.“ 1903.

Marcell(us): d.i. kleiner Marcus, siehe Marzell!

Maren: friesisch für Marie. Vgl. den Roman „Maren“ 1907 von Hinrich Fehrs, Dithmarschen.

Margarete, Grete: neben Katharina (Käthe) die volkstümlichste Heilige des Mittelalters, daher früh eingedeutscht zu Grete (Hans und Grete – Hänsel und Gretel spiegeln die Popularität wieder). Sie galt als Schutzpatronin der Bauern und der Schwangeren (und Wöchnerinnen). Der Name Margarita (pers.-griechischer Herkunft) bedeutet „Perle“, später übertragen auf die Blume: schon Ludwig der Heilige, verheiratet mit Marg. von d. Provence, ließ sich eine Gänseblume in den Ring gravieren. Bäuerinnen und Fürstinnen trugen ihn gleicherweise. Berühmte Trägerinnen: Marg. Maultasch, Gräfin v. Tirol („die böse Gretl“), 14. Jahrh., Margarete Königin v. Dänemark um 1400, Margarete von Valois, Gattin Kaiser Karls IV./Prag, 14. Jahrh., Margarete von Parma, Statth. der Niederlande (16. Jahrh.), Margarete von Navarra (als Dichterin, 16. Jahrh.). Die Koseform Gretchen war zur Goethezeit üblich (vgl. Goethes „Faust“), analog zu Käthchen (v. Heilbronn, Kleist) und Klärchen (in Goethes „Egmont“). Greta ist modisch durch Greta Garbo, schwed. Filmschauspielerin. Meta, bekannt durch Klopstocks Frau (Marg. Moller), war im 19. Jahrh. als selbständiger Name beliebt.
Margot (mit franz. Endung) war eine Modeform der Jahrhundertwende: vgl. Margot Hilscher, Sängerin. Italienisch ist Marghitta, vgl. KF. Gitta!

Margot: siehe Margarete!

Maria: evang. Marie, engl. Mary, frz. Marion, ital. Mia, Marita, slaw. Maruschka. Sonderformen Mite, Ria, Rita; fries. Maren; hebr. Mirjam. Ehrfürchtige Scheu vor der Mutter Jesu, der „Gottesmutter“, ließ Maria als Vornamen erst seit dem 15. Jahrh. gebräuchlich werden, und zwar von den romanisch-katholischen Ländern her (vgl. Maria von Burgund, geb. 1457). Die protestant. Form ist (eingedeutscht) Marie (Mariechen). Die kath. Sitte, auch Männern als Zweitnamen den Namen Maria zu geben, taucht erst im 18. Jahrh. auf (vgl. Carl Maria von Weber, Joh. Maria Farina, Rainer Maria Rilke). – Marion (frz.), Rita (= Marita, ital.) u.ä. sind in Deutschland erst in unserem Jahrh. Mode geworden, begünstigt durch Literatur und Bühne! Zur Form Mite vgl. z.B. Mite Kremnitz, geb. Marie v. Bardeleben 1852. Marika (slaw.-ungar.) ist bekannt aus der Filmwelt (Marika Rökk; vgl. Marika Kilius). Zu Rita vgl. Rita Hayworth. Beliebte Doppelnamen mit Marie sind Annemarie, Rosemarie, Marianne, Marlene (d.i. Maria Magdalena), seltener Marlies (Marie Luise).

Marianne (d.i. **Maria Anna**): diese Verschmelzung ist schon im 18. Jahrh. geläufig; bekannt durch Goethes Suleika: Marianne von Willemer. In Karikaturen ist Marianne Spitzname für Frankreich seit 1848 als „symbolisch für die revolutionäre Frau aus dem Volke".

Marina: ital. Herkunft (Schlagerlied!). Vgl. Marina Herzogin von Kent.

Mario: ital. Name = lat.-röm. Marius, der berühmt ist als Name des röm. Konsuls, der die Teutonen und Kimbern a. 102 und 101 v. Chr. schlug; in der Neuzeit mehrfach dramatisch behandelt (1799, 1813, 1875, 1907). Heute modisch seit den ital. Opernsängern Mario del Monaco und Mario Lanza!

Marion: franz. Form für Maria. Modisch in Deutschland seit den zwanziger Jahren.

Markus: Name des Evangelisten (zur Reformationszeit als biblischer Name beliebt, daher der Familienname Marcks, Marx!). Auch Patron von Venedig (Markuskirche). Heute nur noch in jüdischen Familien (auch als Familienname Marcus). Vgl. Markus Levin 1778, Marc Blitzstein 1958, Markus Herz 1779.

Markwart: „Grenzmarkschützer". KF. ndd. fries. Ma(a)ck, Wittmaack, obd. Märklin, Merkel. In der Tiersage N. des Eichelhähers. Vgl. Volkwart, Eilwart.

Marlene: verschmolzen aus Maria (Magda)lena. Schon im Märchen vom Machandelboom: „Mein' Schwester das Marlenichen sucht alle meine Benichen"; auch bei Paul Heyse 1855 vorkommend. – Heute uns geläufig durch die Filmschauspielerin Marlene Dietrich und durch das Soldatenlied von der Lilli-Marlen. Die Gestalt der Maria Magdalena, der biblischen Maria von Magdala, nach katholischer Legende eine große Sünderin und Büßerin, ist öfters dramatisch behandelt worden seit Hebbels Tragödie „M. M." 1844. In frz. Form bei der Schriftstellerin Marie Madeleine Freiin v. Puttkammer, geb. Günther 1881.

Marlies: = Marie Elisabeth, heute Modename.

Martha: als biblischer Name erst zur Reformationszeit (aber selten) in Gebrauch, beliebt überhaupt erst seit Mitte des vorigen Jahrh. (1847) durch Fr. v. Flotows Oper „Martha"! („Martha, Martha, du entschwandest"). Daher fehlen bezeichnenderweise kirchliche oder dynastische Vorbilder völlig. Literarisch begegnet M. in Goethes „Faust" und in Kleists „Zerbrochenem Krug". Bedingt durch die bibl. Erzählung von der geschäftigen Martha (Schwester der Maria, die das bessere Teil erwählte), verbindet sich mit dem Namen der Begriff der „fleißigen Hausfrau".

Martin: Martinus meint wörtlich den zu Mars Gehörigen oder Geweihten; Mars (Genitiv Martis) war altlateinischer Gott des Landbaues (Beiname: rusticus), später auch Schützer im Kriege und Kriegsgott. Der heilige Martin (4. Jahrh.), Bischof von Tours und westfränkischer Nationalheiliger, der seinen Mantel mit einem frierenden Bettler geteilt haben soll, hat den Namen (seit dem 15. Jahrh.) zu einem der volkstümlichsten werden lassen. Die Bezeichnung seines berühmten Mantels ging übrigens auf den kirchlichen Raum über (lat. cappa, capella), in dem er aufbewahrt wurde: daher unser „Kapelle“! Und da in der Sixtinischen Kapelle in Rom erstmalig Sängerchöre beim Gottesdienst mitwirkten, nahm diese Bezeichnung auch die Bedeutung „Musikkapelle“ an. Am Vorabend des Martinstages, des 11. November, der als Gesinde-, Pacht- und Zinstermin für die Bauern wichtig war, – auch als Schlachttag der „Martinsgänse“ –, wurde Luther geboren und daher Martin genannt: er hat den Namen auch bei den Protestanten volkstümlich gemacht. Vgl. auch die Gestalt des süddt. Pelzmärtl in der Weihnachtszeit! Mundartlichen Umlaut zeigt die Form Mertin, schweizer. ist Marti, Märti. Heute hat der Name einen bieder-frommen Klang. Bekannt sind aus dem Ref.-Jahrh.: Martin Rinckart („Nun danket alle Gott“) und Martin Opitz; aus der Goethezeit: Martin Wieland; aus der Gegenwart: M. Beheim-Schwarzbach.

Martina: ital., heute modisch.

Marzel(l), Marzolf (Elsaß): Papst und Märtyrer. Vgl. M. Wittrisch.

Mathilde: die altgerm. Form Maht-hild („Macht und Kampf“ liebend) hat in dynastischem Gebrauch (bei Kaiserinnen, Königinnen, Herzoginnen usw.) stets die latinisierte Frisur der Urkunden: Mathilda, mit romanischem Schwund des gutturalen ch und Verschiebung des Akzentes, wodurch sich diese höfisch-offizielle Form von der volkstümlichen unterscheidet, die lautgerecht sich durch i-Umlaut zu mhd. Mecht-hild entwickelte und die Koseform Metze bildete, deren Häufigkeit schließlich zur üblen Entwertung führte: Metze = Dirne (so im 14. Jahrh.). „Wenn Kunz mit Mätzen danzen mag, in hungert nit den ganzen Tag“, so heißt es in Seb. Brants Narrenschiff. Niederdt. wurde zu Mettild die Koseform Mette-(ke) gebildet.
Mathilde hat seit den Tagen Ottos d. Gr. (dessen Mutter so hieß) und Heinrichs des Löwen (dessen Gattin so hieß) als vornehmer Name gegolten (daher von Goethe im „Götz“ als „ritterlicher“ Name verwendet und von der Ritterdichtung um 1800 wiederbelebt); vgl. den Roman „Edouard et Mathilde“, Paris 1822, von C. Woillez, u. a.; um 1825: Mathilde Bodenstedt, desgl. Mathilde Wesendonk, R. Wagners Freundin. Auch im Studentenliede klingt die adlige Herkunft des Namens nach: „Er kniet vor Mathilden, er stammelt das Wort: Ich lieb Euch, mein Fräulein, ich schwöre! Da schnuppert ihr Näschen, sie wendet sich fort: Herr Ritter, ihr riecht nach Liköre!“ Wie so mancher Name der Ritterpoesie (vgl. Adelbert, Kuno, Ottomar, Hedwig) ist Mathilde heute als altmodisch außer Gebrauch (1920 schrieb noch Carl Hauptmann einen Roman „Mathilde“) Als Kurzform begegnet auch Thilda, engl. Tilly. Die deutsche Form Mechthild (auch kath. Heiligenname) ist bekannt durch die Mystikerin M. von Magdeburg und ihre Schrift „Das fließende Licht der Gottheit“ (um 1230). Mechthild hieß auch eine Fürstin Lichnowski im 19. Jahrh. Zum i-Umlaut Mäht- zu Meht- vgl. auch Mäht-, Mehtfrid (Meffrit, Meffert), hess. Taufname im Mittelalter. Auch Schiller verwendet im „Teil“ die Form Mechthild.

Matthäus: der Evangelist, Patron der Zöllner. Wie Markus, Lukas u. Johannes als bibl. Name im Ref. Jahrh. beliebt (daher Familiennamen Matthes, Mathews, Tewes). Heute selten; vgl. Matthäus Müller/Eltville, Sektfirma.

Matthias: hebr. „Geschenk Gottes". Der Name des Apostels Matthias, nicht zu verwechseln mit dem Evangelisten Matthäus! Kulturzentrum war Trier, daher im Rheinland einst beliebter Taufname, wie die mannigfachen Formen der Familiennamen zeigen (vgl. Matthießen, Thyßen, Thieß, Theiß usw.); im kath. Bayern lebt er als volkstümlicher Hias, Hiesl („Räuberhiesl"). Die oberdt. Koseform Matz (auch zu Matthes = Matthäus) ist Appellativ geworden: daher „Hosenmatz", „Hemdenmatz", „Piepmatz" u. ä. Süddt. sind (heute noch als Familienname): Matzel u. ä., schles. Matzke, Matschke, dazu auch Mach (aus böhmisch Macha, wie Stach = Stanislaw, aus Stacha). Seltsamerweise ist Matthias heute ein Modename.
Bekannt sind: Matthias Corvinus, König von Ungarn (Mähren und Schlesien) im 15. Jahrh.; Matthias, König der Böhmen und dt. Kaiser 1611 ff.; M. Grünewald, Meister des Isenheimer Altars 1515; M. Claudius der „Wandsbeker Bote" 1740; M. Wiemann, Schauspieler.

Max: Kürzung aus M a x i m i l i a n u s (nebst Maxim: Gorki), einem alt-christl. Namen, den z. B. der heilige M., Apostel und Märtyrer von Noricum (Kärnten/Steiermark) trug (dargestellt von Dürer). Nach diesem Heiligen wurde der Sohn Friedrichs III. v. Österreich, der spätere Kaiser Maximilian I., 1459 benannt (auf Veranlassung des Heiligen, der dem Vater im Traume erschien). Von den Habsburgern kam der Name auch zu den Wittelsbachern (Bayern). In Schillers Wallenstein vgl. Max Piccolomini. Populär ist der Name durch Wilhelm Buschs „Max und Moritz" geworden.
Bekannt sind: Max v. Schenkendorf 1783; M. Grube 1854; M. Halbe; Max Reger, Max Eyth.

Maxi: süddt. Koseform zu M a x i m i l i a n e. Vgl. Goethes Freundin Sophie Laroche und ihre Tochter M a x e. Uns ist geläufiger Maxi Herber (München), bekannte Eiskunstläuferin.

Mechthild: altdt. Form von M a t h i l d e (siehe dort).

Meike: fries. Mädchenname, als Meyeke schon im 13. Jahrh. in Hamburg und Rostock bezeugt. Heute nur modisch.

Meinrad: wie M e i n h a r d und M e i n h o l d im Mittelalter gebräuchlicher altdt. Taufname (magin, megin = Macht, Kraft, rad = Rat). Meinrad (ein Grafensohn des 9. Jahrh.) ist Heiliger der Ostschweiz; vgl. den schweizer Dichter Meinrad Inglin 1893. Einen Roman „Meinrad Helmperger" schrieb 1900 Enrica v. Handel-Mazzetti.

Melanie: erst um 1800 literarisch bei uns auftauchend (griech., zu melas „schwarz", vgl. Melanchthon, der eigentl. Schwarzerd hieß). Zur roman.-lat.-griech. Form vgl. Stephanie, Geranie, Kastanie u. ä. Einen Roman „Melanie das Findelkind" schrieb 1804 die Rousseau-Übersetzerin Friederike Unger. Auch in K. Gutzkows Zeitroman „Die Ritter vom Geist" (1851/1881) begegnet der Name.

Melchior: hebr. „König des Lichts". Einer der Heiligen Drei Könige (Kaspar, Melchior und Balthasar), deren Namen durch Legende und Volksschauspiel beliebt wurden. M. ist als Vorname weit seltener als K. und B., heute nur in kath. Familien. Vgl. den Schriftst. Melchior Grimm 1723/Regensburg.

Melina: modisch, aber selten, nach der griech. Sängerin Melina Mercoury, eigtl. Maria-Amelie!

Melitta: griech. „die Biene", die Fleißige (zu mel-, got. milith „Honig"), übertr. „Dichterin, Priesterin"; erst im 19. Jahrh. Vorname.

Melusine: sagenhafte Meerjungfrau einer südromanischen Feensage, dem deutschen Mittelalter geläufig durch das Volksbuch von der schönen M., noch von Hans Sachs als Tragödie behandelt, auch mehrfach im 19. Jahrh., vgl. Grillparzers Oper „M." 1833 und Wassermanns Roman „M." 1896. Als Grafentochter spielt M. in Fontanes Roman „Stechlin" 1899 eine Rolle.

Men(n)o: bekannt durch den Friesen Menno Simons, der zur Reformationszeit die Sekte der Mennoniten (Wiedertäufer) gründete, die noch heute in Holland daheim ist. Menno ist fries. Kurzform zu Meinhard, Menert (magin, megin „Kraft, Macht", hard „kühn"), wie Enno zu Einhard. Meinhard und Meinhold – einst beliebt wie Reinhard und Reinhold – sind heute fast außer Gebrauch.

Meta: seit der Klassikerzeit bekannt durch Klopstocks Gattin Meta Moller. Ursprünglich Kose- oder Lallname zu Margareta (siehe dort!), dann selbständig geworden, im 19. Jahrh. beliebt.

Mia: ital. Koseform für Maria; vgl. den Schlager „O bella Mia"! Mia von Hedenström (1845 Riga).

Michael: hebräischer Name, wörtlich „Wer ist wie Gott?". Einer der drei Erzengel des Alten Testaments (wie Gabriel und Raphael), vgl. Buch Daniel 10, V. 13 u. Offb. Joh. 12, V. 7: „Michael und seine Engel stritten mit dem Drachen" (dem Satan). Als Satansüberwinder verdrängte der hl. Michael im frühen Mittelalter den altgerm. Wodan, daher viele Wodansberge (alte Höhenkultstätten) fortan Michelsberge benannt. Mit der eingedeutschten Form Michel verbindet sich schon früh der Begriff des Vaterländisch-Gutmütigen (Michael galt als Patron der Deutschen!), vgl. den „teutschen Michel" im 17. Jahrh., auch schon in Seb. Francks Sprichwörtersammlung um 1530. Im Mittelalter fühlte man wohl auch den Anklang an altdeutsch michel „groß". Auffallend ist die heutige Beliebtheit der undeutschen Vollform (seit etwa 1940)! Vorliebe für Michael auch in Rußland und Rumänien (vgl. Kronprinz Michael). Der Michaelistag, der 29. Sept., war wichtiger Termin für Zinszahlungen, auch für Gesindewechsel, und noch in unseren Tagen für den Beginn der Schulherbstferien („Michaelisferien"). Bekannte Namensträger sind: Michel Behaim (Meistersinger 15. Jahrh.), Michael Schirmer (Kirchenlieddichter, 17. Jahrh.), Michael Kohlhaas (Kleist); jüd.: Michael Beer um 1800, Bruder des Komponisten Jakob Meyerbeer.

Michaela: romanische Form, ital.-spanisch Micaela, zum Namen des hl. Michael, des „Erzengels“. Eine Micaela tritt in Bizets Oper „Carmen“ 1875 auf.

Milli: Koseform zu Emilie, siehe dort!

Mimmi: Koseform, eigentlich Lallname, zu Marie, z. B. in „La Boheme“.

Minka: polnische Koseform zu Wilhelmina, siehe dort!

Minna: selbständig gewordene Koseform zu Wilhelmine (Helmine), dem Lieblingsnamen des 18. Jahrh., veranlaßt durch Lessings Lustspiel „Minna von Barnhelm“ 1767 (so z. B. im Falle der Primadonna Minna Brandes, deren Pate Lessing war!). Vgl. auch Goethes Freundin Minna oder Minchen Herzlieb, Pflegetochter im Frommannschen Hause zu Jena. Auch Schiller gebraucht den Namen gern („Meine Minna geht vorüber, meine Minna kennt mich nicht“). Noch Ende des 19. Jahrh, war der Name sehr populär, aber schon um 1900 entwertet und geradezu appellativisch für „Dienstmädchen“ gebraucht! Als „grüne Minna“ ist dem Volksmund der Polizei- oder Gefängniswagen geläufig, und „gelbe Minna“ hieß im ersten Weltkrieg die Gasgranate. Daß der Begriff der „Minne“ hineinspielt, verrät das Doppel-nn-!

Mirjam: nach 2. Mose 15 V. 20 die Schwester des Moses; hebr. (= Maria). Heute vereinzelt. Vgl. Mirjam Bru, Filmstar.

Mite: siehe Marie!

Molly: engl. Kose- oder Lallform für Maria. Molly nannte der Balladendichter Gottfr. Aug. Bürger seine Schwägerin und zweite Gattin (Auguste Leonhart, 1785).

Momme: friesisch (auch Mumme), vgl. B. Momme Nissen und den Gelehrten Theodor Mommsen. Wahrscheinlich zu Munibert (wie Lamme zu Lambert), vgl. den Wodansraben Munin „Gedanke“.

Mona: vgl. Leonardo da Vincis Gemälde Mona Lisa; Mona Baptiste, Sängerin 1960.

Monika: Die heilige Monika war die Mutter des hl. Augustinus, des berühmten Kirchenvaters (4. Jahrh.). Eigentlich katholischer Vorname unseres Jahrh., vgl. Monika Hunnius (kathol. Schriftstellerin), daher in Oberbayern häufig, wo die Koseform Moni sogar appellativisch für „Sennerin“ gebraucht wird.

Moritz: Mauritius (der Maure oder Mohr), Führer der christl. Legion, fiel um 286 bei dem heutigen St. Moritz/Schweiz; seine Lanze war Reichskleinod. Mauritiuskirchen in Magdeburg, Halle, Minden, Münster, Köln usw. Als Heiligenname im Mittelalter wesentlich nur in der Schweiz häufiger. In der Neuzeit nur in Sachsen durch dynastische Vorbilder üblich geworden, so durch Kurfürst Moritz v. Sachsen (gest. 1553); vgl. auch die Moritzburg in Halle. Ein Marschall

Moritz v. Sachsen starb 1750. In jüdischen Familien war seit dem 18. Jahrh. Moritz an Stelle von Moses beliebt (vgl. das Moritzche, mit dem der Begriff des Pfiffigen sich verband, wie in „Max und Moritz“ bei Wilh. Busch); Richard Moritz Meyer, jüd. Lit. Historiker. Aber auch Ernst Moritz Arndt, Bauernsohn aus Rügen. Ein Sachse war Moritz Schreber! 1808.

N

Nan(n)ette, Nanna, Nannchen: wie Annette frz. Koseform zu Anna. Vgl. Emil Zolas „Nana" 1880, auch Feuerbachs Nanna und Fechners Schrift „Nanna oder über das Seelenleben der Pflanzen". „Nanette" 1834, Erz. von P. Lyser. Eine Zofe Nanette in Lortzings „Wildschütz" 1842.
In der germ. Mythologie ist N a n n a die Gemahlin Baldurs.

Natalie: zu lat. dies natalis „Geburtstag", altchristlich speziell „Weihnachten" als Geburtstag Jesu, daher der altchristl. Name Natalis (vgl. Paschalis: Ostern). Zur Klassikerzeit war Natalie beliebt, so bei Jean Paul im „Siebenkäs", bei Goethe in „Wilhelm Meisters Lehrjahren", bei Kleist im „Prinz v. Homburg". Auch Herders Enkelin wurde 1802 Natalie getauft. „Z. Gesch. d. weibl. Herzens" schrieb Fanny Tarnow 1812 ihre „Natalie". Heute längst veraltet und uns nur noch durch Nataly von Eschstruth (geb. 1860), Schriftstellerin, geläufig. Vgl. russ. N a t a s c h a ! Zur roman. Form vgl. Rosalie, Eulalie, Amalie.

Nazi: siehe I g n a z !

Neidhart: nid meint urspr. „Eifer, Kampfesgrimm", hard „kühn". Uns geläufig durch Nithart (Neidhart) von Reuental, Minnesinger um 1230, u. durch Aug. Wilh. Graf Neithard v. Gneisenau, Feldmarschall 1813. Auch ein Enkel Karls d. Gr. hieß Nithard (Chronist).

Nelde: siehe T h u s n e l d a !

Nele: siehe C o r n e l i a !

Nelly: engl. Koseform zu engl. Ellinor = Eleonore, ebenso Elly! Zum N- vgl. engl. Neddy neben Eddy = Eduard!

Nettchen: Koseform zu N. auf franz. -ette wie A n n e t t e , Jeannette. Vgl. Jettchen zu Henriette. Modename der Klassikerzeit: vgl. 1799 die Romane „Nettchen" v. Chr. Husell und „N.s 50 Franken" v. M. Müller.

Nikolaus: siehe unter K l a u s !

Ni(e)ls: dänische Form für Nicolaus, auch schwedisch. Bekannt z. B. durch Selma Lagerlöfs Erzählung „Die Abenteuer des kl. Nils Holgersson mit den Wildgänsen", jetzt auch verfilmt. Niels hieß schon der Bruder König Erichs von Dänemark 1103.

Nina: Kurzform für ital. Giovan(n)ina = J o h a n n a und für Annina = Anna. Vgl. auch Paul Heyses „Vanina Vanini" 1896, dazu die frz. Form: „Ninon" 1902,

Novelle v. P. H. Eine Annina begegnet im „Rosenkavalier“ von Strauß und in Verdis „Traviata“.

Nora: Kurzform für E l e o n o r a (siehe dort!). Seit Ibsens Schauspiel „Nora“ 1879 gegen Ende des vorigen Jahrh. modisch in Gebrauch. Ibsens Einfluß liegt auch bei H e d d a vor („Hedda Gabler“ 1890).

Norbert: kathol. Heiligenname germ.-normannischer Herkunft, urspr. Nordebert, mit niederdt. Schwund des Dentals wie in „Nor(d)mannen“ und in Robert statt Rodebert. Ein Nordebert war fränk. Hausmeier und Stellvertreter Pippins um 700. Der hl. Norbert, gest. als Erzbischof von Magdeburg 1134, war Niederländer, gebürtig aus Xanten. Als Vorname ist Norbert auf kath. Gegenden (Bayern, Österreich, Rheinland) beschränkt. Einen Roman „Norbert Dujardin“ schrieb 1861 Ida v. Düringsfeld.

O

Olaf: nordischer Name von unsicherer Etymologie. Verbreitet seit der Heiligsprechung König Olafs von Norwegen (gest. 1130), der seinem Lande das Christentum brachte. Ein König Olaf Tryggvason ist bekannt aus den dän. Wikingerzügen in England 992. Dän. Form ist Oluf, schwed. lat.: Olaus. Uns geläufig durch den schwed. Zeichner Olaf Gulbransson. Ein Orientalist Oluf Gerhard Tychsen aus Schleswig wirkte um 1800 in Rostock.

Oldag: seltener altndt. Name, eigentlich Aldag, Adeldag (Erzbischof von Hamburg-Bremen 10. Jahrh.).

Ole: dän. KF. zu Oluf. Vgl. Ole Jensen, Maler.

Olga: russische Form von Helga, dem altschwed. Frauennamen; in Rußland seit der heiligen Olga (gest. 968) beliebt. Bei uns erst im 19. Jahrh. mit der Königin Olga von Württemberg (gest. 1892) bekannter geworden. Eine Erzählung „Isidor und Olga" schrieb E. Raupach 1825. Eine Schriftstellerin Olga Wohlbrück schrieb um 1900. Eine Olga auch in Tschaikowskys „Eugen Onegin" 1879.

Oliver: frz. Olivier. So hieß Rolands Waffengefährte, der mit ihm 778 in Spanien gegen die Mauren bzw. Basken fiel. In England volkstümlich, vgl. die Redensart: to give a Rowland for an Oliver „keine Antwort schuldig bleiben". Berühmt ist Oliver Cromwell, engl. Staatsmann 1599. Ein heiliger Oliver begegnet in der Ursula-Legende als Verlobter der heil. Oliv(i)a (lat. „Ölzweig"). Heute modisch beliebt.

Olivia: zu lat. oliva „Ölzweig"; engl. Olive, Koseform Livy. Olivia de Havilland, amerikanische Schauspielerin. Eine O. auch in Shakespeares „Was ihr wollt". – Olly aber ist KF. zu Olga.

Onno: ostfriesisch. Daher Familiennamen wie Onnen, Oncken u. ä.: Onno Behrends. Schon 716 ein Friese Onno; 1574 Onno Tyabbern.

Ortrud: durch Wagners Oper „Lohengrin" 1847, aus der auch Elsa (von Brabant) stammt, ist Ortrud (als Gemahlin des Grafen Telramund) vorübergehend in Aufnahme gekommen. Germ. ort meint „Spitze des Schwertes", trud „Kraft". Vgl. auch Ortrun (Hartmuts Schwester in der Gudrun-Sage) und Ortwin, Gudruns Bruder. Wie Ortrud auch Gertrud. Vgl. Ortrud, Herzogin zu Braunschweig. Ortrud Andres, Schausp.

Ortwin: in der Heldensage Bruder Gudruns. KF. Örtel. (ort „Spitze des Schwertes", wie in Ortnid, Ortolf, Ortlieb: Sohn der Kriemhild). Vgl. Ortwin Rave (um 1900).

Oskar: ags.-nordgerm. Form für Ans-ger „Speerkämpfer im Schutz der Ansen oder Äsen", der gnädigen Halbgötter. Ös- statt Ans- beruht auf Nasalschwund und sog. Ersatzdehnung des Vokals wie in ags.-niederdt. gös statt „Gans", vgl. auch ags. Oswald statt Answald, desgl. oberdt. Anshelm (Anselm). Oskar verdankt seine Verbreitung in Deutschland der Ossian-Schwärmerei, die der Schotte Macpherson um 1760 durch seine dem keltischen Barden untergeschobenen Gedichte (mit der Heldengestalt Oskar) allenthalben entfachte, auch bei Klopstock, Herder, Goethe und Napoleon, der als Pate dem Sohne seines Freundes Bernadotte, dem späteren König von Schweden, 1799 diesen Taufnamen gab; daher heute in Schweden Königsname und von dort erneut nach Deutschland importiert. Aus den Ossian-Epen stammen übrigens auch Malwine und Selma. Bekannt sind: Oskar Frhr. von Redwitz 1823, Oskar von Miller (Deutsches Museum), Prinz Oskar von Preußen, Oscar Wilde.

Oswald: es ist der (germanische) Name des heiligen Oswald, Königs von Nordhumbrien/England (gest. 642), der mit der iro-schottischen Mission nach Süddeutschland und Tirol gelangte (dort noch heute als Volksheiliger verehrt); südbadisch: Oschwald. Die Oswald-Legende wird in der mhd. Spielmannsdichtung behandelt (Brautfahrt zum Heidenkönig Aaron und Entführung seiner Tochter), noch im 15. Jahrh. gelesen. Berühmt ist der späte Minnesinger Oswald von Wolkenstein um 1400 durch seine grotesken Abenteuer. (Os- steht ags.-niederdt. für Ans-, die Bezeichnung der nordgerm.-got. Halbgötter, wie in Oskar für Ansgar, und Oswin für Answin). Erst um 1800 holte die Romantik den Namen wieder hervor, vgl. Oswald Marbach 1810, dann Oswald in Immermanns „Münchhausen" 1838. Bekannt sind Oswald Spengler, O. Bölcke.

Otfried: aus der deutschen Literaturgeschichte bekannt als Verfasser der ahd. Evangelienharmonie, mit der statt des germ. Stabreimes der roman. Endreim in die deutsche Dichtung eingeführt wurde! O. war Mönch im Kloster Weißenburg i. Elsaß, gest. 884.
Als Vorname erst seit der Wiederentdeckung und Erforschung der altdeutschen Literatur durch die Romantik um 1820/50 belegbar: Vgl. den Schriftsteller Otfried Mylius (eigtl. Karl Müller, geb. 1819) und den Philologen Otfried Müller (um 1850); in unseren Tagen den Bibliothekar und Philologen Otfried Becker (geb. 1911, gef. 1939).

Othmar: germ. Audo-merias, d.i. „Glück und Ruhm". Der heilige Othmar war Abt von St. Gallen (gest. 759), daher in der Schweiz und Süddeutschland (noch heute) gebräuchlicher Vorname, zumal die Legende ihn zum Weinheiligen gemacht hat. In Nordfrankreich hat der west-fränk. Heilige Audomarus, Omar (daher St. Omer) im 7. Jahrh. eine Rolle gespielt, vgl. Ortsnamen Ootmarsum. Ein O. auch in Jean Pauls „Unsichtbarer Loge" 1793.

Ottilie: beruht auf der latinisierten Form Odilia des germ.-dt. Frauennamens Odila, Koseform zu Oda (mhd. Uote), siehe dort! Odilia, Heilige und Schutzpatronin des Elsaß (Kloster Odilienberg!), war (als Tochter des Herzogs Eticho, 7. Jahrh.), blind geboren und erlangte durch das Gebet des hl. Erhart das Augenlicht; daher Patronin bei Augenleiden, im ganzen späteren Mittelalter verehrt: Kurzform Tili(g)e, daher Familienname Tilgner und Ilgner (Schlesien). – Bekannt durch Ottilie Wildermuth und Goethes Schwiegertochter O. (auch in den „Wahlverwandtschaften").

Otto: germ. O d o (zu od „Besitz, Glück", vgl. gotisch audahafts „beglückt"). Als Name mehrerer Kaiser aus dem niedersächs. Herrschergeschlecht der Ludolfinger bzw. Ottonen (bes. Ottos des Großen, 10. Jahrh.) und des berühmten hl. Bischofs Otto von Bamberg, des Apostels Pommerns, wurde Otto (volkstümlich Otte) durchs ganze spätere Mittelalter allenthalben beliebt; zahlreiche Herzöge und Grafen trugen dazu bei. Die Verbreitung (durch O. v. Bamberg) im kolonisatorischen Osten war schon Joh. Fischart im 16. Jahrh. bekannt: „Pommern heißen Ott", sagt er. Bekannt sind auch Otto von Wittelsbach (Bayern); O. das Kind, Herzog v. Braunschweig, und die Markgrafen v. Brandenburg O. der Faule und O. mit dem Pfeil (Minnesinger, wie Graf O. v. Botenlauben um 1200), sowie Otto der Schütz, Landgraf v. Hessen (14. Jahrh., von G. Schwab 1822 in Romanzen behandelt, von Gottfried Kinkel 1846 auch episch). Durch die Heiligen- und biblischen Namen jahrhundertelang in den Hintergrund gedrängt, kam Otto (wie Hugo, Arno, Benno, Kuno, Udo) erst wieder zu Beginn des 19. Jahrh. mit der deutschbewußten Romantik in Aufnahme, vgl. Otto von Bismarck 1815, O. Ludwig 1813, O. Müller 1816, O. Speckter usw., vor allem dann mit dem steigenden Ruhme Bismarcks seit den 60er/70er Jahren!

Ottokar: germ. Audo-, Odo-wakar (od „Besitz, Glück", wakar „tüchtig"). Aus Geschichte und Sage bekannt ist König Odoaker (ahd. Otacher) von Italien (5. Jahrh.), bei Ravenna („Rabenschlacht") von Theoderich d. Gr. besiegt und ermordet. Die spätere Urkundenform Ottokar ist die des Böhmenkönigs, des Gegners König Rudolfs v. Habsburg (13. Jahrh.), dramat. behandelt von Grillparzer: „König Ottokars Glück und Ende" 1825. Sein eigtl. Name war Pribislav.

Ottomar: wie Ottokar durch die Ritterromane um 1800/1810 (die Zeit der Romantik) aus der Vergangenheit hervorgeholt (vgl. auch Othmar!); uns nur geläufig durch den Schriftsteller Ottomar Enking, geb. 1867.

Ove: friesisch. Sehr selten, heute modisch, z.B. Ove (geb. 1962), Bruder: Gerrit! Urkdl. Ove de Sigghen 1369 in Holstein. Vgl. Ovens, holst. Maler.

P

Pamela: ital. Opernfigur in Auberts „Fra Diavolo"; vgl. auch Richardsons Roman „Pamela" 1740, Goldonis „Pamela la nubile" 1760 u. Rud. Borchardts Komödie „Pamela" 1930/63. P. ist die Unschuld vom Lande, als Zofe vom Sohn ihrer Herrin begehrt. Heute vereinzelt: Pamela Wedekind.

Pankraz: bekannt durch Gottfried Kellers „P. der Schmoller" als süddt.-schweizer. Name. Pankratius (Märtyrer z. Zt. Diokletians) gehört zu den 3 „Eisheiligen" (:P., Servatius, Mamertus).

Patricia: zu lat. patricius „Patrizier, Altadliger", bzw. zu Irlands Nationalheiligem Patrick. Uns geläufig durch die aus Irland stammende Filmschauspielerin Grace Kelly, jetzige Fürstin von Monaco: Gracia Patricia.

Paul: lat. paulus meint „der Kleine". Der Apostel Paulus, der vor seiner Bekehrung Saulus hieß (wie der König Saul), wurde zwar im ganzen Mittelalter neben Petrus verehrt, geriet aber ihm gegenüber ins Hintertreffen. Niederdt. Form war Pawel und Pagel, mit zerdehntem Diphthong. Beliebt war er in der Ostkirche, daher viele slawische und ostdt. Formen wie Pawellek, Pawlick, Pawlowski u. ä. als Familiennamen; auch Paschke ist urkdl. ostdt.-slaw. Koseform zu Paul. Alem.-fränkisch begegnet mundartlich auch Pa(h)l, vgl. urkdl. „sant Pal". Bekannt sind aus dem Jahrh. der bibl. Namen (nach der Reformation): Paul Gerhardt 1607 und Paul Fleming 1609 als Kirchenlieddichter. Die Häufigkeit des Namens im 19. Jahrh. dürfte durch den Russenkultus der Freiheitskriege (vgl. Kaiser Paul) mitbedingt sein, ähnlich Alexander. Vgl. heute König Paul von Griechenland!

Paula: in der zweiten Hälfte des vorigen Jahrh. einer der weiblichen Modenamen auf (lat.) -a, gebildet von Männernamen, wie Augusta, Alberta, Ernesta, Karla, Alexandra, Amanda usw. Aus der Welt des Films ist uns geläufig: Paula Wessely.

Pauline: wie die franz.-ital. Endung verrät, ist Pauline ein Produkt des romanisch frisierten 18. Jahrh. wie Karoline, Philippine, Ernestine, Wilhelmine, Josephine, lauter „verweiblichte Männer". Und zwar ging diese Mode von den gebildeten Ständen aus, bei denen die franz. Kultur zuerst Eingang fand: So hieß eine Fürstin zur Lippe: Pauline Christiane Wilhelmine, gest. 1820, und „Gräfin Pauline" betitelte sich 1800 ein Roman von Friederike Unger. Gleichsam als „gesunkenes Kulturgut" finden wir Paulinchen (mit den Streichhölzern) im „Struwelpeter" wieder.

Percy: engl. für Percival (Parzival). Percy E. Schramm.

Peter: der Name des Apostelfürsten Petrus; zu griech.-lat. petra „Fels“, der Übersetzung des hebr.-aram. kephas (vgl. Ev. Joh. 1, 42: „du sollst Kephas heißen, das wird verdolmetscht: ein Fels“; Matth. 16,18: „du bist Petrus, und auf diesen Felsen will ich bauen meine Gemeinde“). Sein urspr. Name war Simon (Petrus). Im Mittelalter war P. der häufigste Taufname, wurde im 14. Jahrh. aber von Johannes und Nicolaus überflügelt. Lebt vor allem als Appellativ bei uns fort, so in „schwarzer P.“, „Struwelpeter“ u. ä., auch mit dem Begriff des Tolpatsch. Berühmt sind: Peter d. Gr., der „Zar und Zimmermann“; P. Vischer (Erzgießer) 16. Jahrh., P. Cornelius (Maler), Joh. P. Hebel (Dichter). Als Vorname früher katholisch, heute modisch (vgl. P. Alexander, Schauspieler).

Petra: erst in unseren Tagen als Modename aufgekommen, importiert aus den romanischen Ländern als weibliche Form zu Petrus.

Philipp: wörtlich (griech.) „Pferdefreund“. Hellenistischer Name, als solcher berühmt durch Alexanders des Großen Vater, König Ph. von Mazedonien (4. Jahrh. vor Chr.), und auch durch den Apostel Ph. (vgl. Ap. Gesch. 8, 27: Philippus und der Kämmerer aus Mohrenland). Als Vorname im Mittelalter selten, mit dem Vordringen der Heiligennamen seit dem 15. Jahrh. häufiger, bes. im Südwesten und am Rhein, befördert auch durch die Fürsten Spaniens und Frankreichs im 14./15. Jahrh. und die Herzöge von Burgund: Philipp der Schöne und der Gute. Einer der ersten Träger war um 1200 König Philipp v. Schwaben, der Hohenstaufe. Auch Philipp Melanchthon, der Protestant, stammte aus dem bad. Südwesten. Freunde der Reformation waren Herzog Ph. von Hessen und Herzog Ph. von Pommern. Begründer des Pietismus war Ph. J. Spener. Die Kose-und Kurzformen tragen entsprechend dem Verbreitungsgebiet süddeutsches und rheinisches Gepräge, so Lipps (Familienname Lipsius), Lipp, Lippel („Batzenlippel“) und Lipperl (= Hanswurst). Durch den Struwelpeter ist die Geschichte vom Zappelphilipp allbekannt: „Ob der Philipp heute still wohl bei Tische sitzen will?“ Auch Phipps gehört (als engl. Kurzform) hierher, vgl. „Fips der Affe“ bei Wilhelm Busch. Desgl. Pippa, Lallform zu ital. Filippa, vgl. Gerhart Hauptmanns Glashüttenmärchen „Und Pippa tanzt“.

Philippine: mit romanischer Endung, ist bekannt durch Ph. Welser, die Augsburger Patriziertochter des 16. Jahrh., im Drama behandelt von Karoline Pichler um 1830.

Pius: „der Fromme“, bekannt als Papstname. Selten als kathol. VN.

Poldi: bair.-österr. Koseform für Leopold und Leopoldine.

R

Ragna: seit etwa 1950 Mode gewordene Kurzform zu nordisch Ragnhild (z.B. Prinzessin von Norwegen); schon bei den Westgoten begegnet im 5. Jahrh. eine Königin Ragnahilda. ragin (germ.-got.) meint „Rat“, „weiser Ratschluß“ (bes. der Götter), hild meint „Kampf“ (wie in vielen Frauennamen, im Sinne von Walküre, Kämpferin). Einen Roman „Ragna Svanoe“ schrieb 1896 Ottomar Enking. Altdt. Form von Ragnhild wäre Regin-, Reinhild, vgl. Ragin-, Regin-, Reinhard oder Ragin-, Regin-heri: Reiner. Regin ist ein zauberkundiger Schmied der Sigurdsage. Die männliche Form zu Ragna ist nord. Ragnar (Name eines Wikingers).

Ragnhild: siehe Ragna!

Raimund: mit süddt.-roman. ai für Rei(n)mund, d.i. germ. Ragin-, Regin-mund („Rat“ und „Schutz“). In Burgund-Südfrankreich beliebt gewesener adliger Name, noch heute in Lothringen (Raymond Poincare 1914!). Die Grafen von Toulouse hießen seit dem 9. Jahrh. traditionell R. Vgl. spanisch Ramón!

Rainer: siehe Reiner!

Ralph, Ralf: engl. Kurzform für Radolf und Rodolf, siehe Rudolf!

Raoul: romanisierte Form für germ. Radolf (Ralf) bzw. Rodolf (Rolf), vgl. Radulphus oder Raoul, Erzbischof von Bourges (9. Jahrh.). Als Vorname unserer Zeit erst durch Meyerbeers Oper „Die Hugenotten“ 1836 aufgekommen, vgl. Raoul Auernheimer (Wien 1876), Schriftsteller; Raoul Dufy, frz. Maler 1877/1953.

Reder: im fries. Raume noch heute gebräuchlich; e steht fries.-ingwäonisch für a, zugrunde liegt Red(w)ert = Radwart (Vgl. Stark, Kosenamen der Germanen, S. 138). Rheder Heinz Carsten, Philologe/Hamburg.

Re(e)mt: fries. Kurzform zu Re(i)m-bert, -bolt, -bot, auch zu Rembrand! Vgl. den Hamburger Erzbischof Rembert (aus Flandern!) 888. Re(i)m-beruht auf Regin-, germ. Ragin- „weiser Rat“.

Regina: lat. „Königin“, gemeint ist die Himmelskönigin Maria, vgl. das geistl. Lied „Regina wollt in den Garten gehn“. Im 16. Jahrh. beliebt: Regina, Tochter des Bauernführers Schwalb. Einen Roman „Regina“ schrieb Agnes Miegel. Koseform ist Gina (G. Lollobrigida!).

Regula: die hl. Regula, Märtyrin des 4. Jahrh., ist Züricher Lokalheilige, daher dort äußerst beliebter Name: vgl. den Züricher Scherzreim „Regeli, gang sag dem Regeli, 's Regeli soll zum Regeli sagen, 's Regeli soll den Rechen tragen“!

Eine Novelle „Frau Regel am Rain" schrieb Gottfried Keller, dessen Schwester gleichfalls Regula hieß.

Reimar, Reimer: nur noch niederdt.-friesisch (vgl. Reimar Hobbing, Verleger), aber im Mittelalter allgemein beliebt (bes. im Adel); eigtl. Reinmar, d. i. germ.-dt. Ragin-, Regin-mar (zu ragin „Rat", mar „berühmt"). Bekannt sind die Minnesinger Reinmar der Alte und Reinmar v. Zweter um 1200/1250.

Reimund: siehe Raimund!

Reiner, Rainer: im Mittelalter bes. im Rheinland häufig, seit dem 18. Jahrh. durch die Habsburger in Österreich beliebt, daher die oberdt. Schreibung Rainer (Maria Rilke!). Urspr. Reginher; siehe Reinhard!

Reinhard: im Gegensatz zu Rein(h)er und Rein(h)old, die durchs ganze Mittelalter beliebt waren und sich bis ins vorige Jahrhundert gehalten haben, hat Reinhard (ahd. Regin-hart, urgerm. Ragina-hardus) exklusiveren Charakter gehabt und begegnet vornehmlich in Grafengeschlechtern des Mittelalters; auch Ortsnamen wie (Kloster und Schloß) Reinhardsbrunn in Thüringen und Reinhardsmünster im Elsaß erinnern an adlige Grundherren und Stifter. Daß der Name jahrhundertelang außer Gebrauch kam und nie recht volkstümlich wurde – wie schon das Fehlen von Koseformen verrät! –, ist bedingt durch den Mangel berühmter Vorbilder (seien es Fürsten oder Heilige).
In sinniger Weise hat sich die alte Tierfabel von Reinhart Fuchs oder (niederdt.) Reineke Voß des Namens bemächtigt, und es ist kein Zufall, daß sie vom westfränkisch-niederländ. Raume ausging, denn dort war der Name häufiger (niederld. Reinaert, franz. Renard, vgl. den Roman de Renard; noch heute ist franz. renard geradezu Bezeichnung für „Fuchs"!), germ.-got. ragin meint „weiser Ratschluß" (bes. der Götter) – vgl. norw. Ragnhild, Ragna(r) –, germ. hard-meint „kühn". – Literarisch verwendet den Namen Gottfried Keller im „Sinngedicht" 1881 (vom Naturforscher Reinhart und seiner Lucie, der weißen Galathee) und Theodor Storm in der Novelle „Immensee" 1852 (Reinhart und Elisabeth). Vgl. Reinh. Herbig 1898 Archäol., R. Fangauf 1898 Zool.

Reinhold: germ.-altdt. Ragin-, Regin-wald („mit klugem Rat waltend"). In franz. Form: Raynaud, Renault, in ital.: Rinaldo (Rinaldini), in roman.-lat. Form: Reinald (von Dassel, Barbarossas Kanzler!). Umdeutung des -old zu -hold mit Beginn der Neuzeit. Neben Rein(h)er war Rein(h)old im ganzen Mittelalter beliebt und volkstümlicher als Reinhard, ebenso in unseren Tagen (vgl. Reinhold Schneider). Ein Bilderbuch vom armen Reinhold schrieb der Verfasser des „Struwelpeter" (Dr. Hoffmann).
Reinold hieß auch eines der 4 Haimonskinder (R., Adelhart, Ritsart, Witsart), deren Kämpfe mit Karl d. Gr. das Volksbuch 1604 schildert. Koseformen waren Reineke (auch zu Reinhard und Reiner) im niederdt. Raum und Rein(i)sch im ostmd.-schles. Raum.

Remco, Remke: fries. Kurzform zu Rembert, Rembrand. (Rem- statt Re(i)n-, aus Regin-, Ragin- „Rat"). Vereinzelt Mode. Vgl. auch Reemt! Reemtsma!

Renate: lat. renata „die (durch die Taufe) Wiedergeborene“, weibl. Form zu Renatus (vgl. franz. René). Renatus Hupfeld 1879, Theologe.
Titel einer Novelle von Theodor Storm 1877. Eine „Renate Fuchs“ schrieb 1901 J. Wassermann. Heute bekannt durch Renate Müller, Filmschauspielerin um 1930. Vgl. Renate Otto, Freundin Jean Pauls.

René: franz. Form von Renatus „der (durch die Taufe) Wiedergeborene“. Der heilige René war Bischof von Sorrent um 400, bzw. von Angers/ Frankreich. Rainer M. Rilke hieß eigentlich René M. R.

Resi: Koseform (süddt.) zu Therese, siehe dort!

Richard: erst seit dem 19. Jahrh. bei uns als Vorname gebräuchlich und heute schon wieder außer Kurs. Es ist ein speziell englischer Königsname (in normannischer Form, vgl. oberdt. Reichard, Reichert!) und mit der Begeisterung für Shakespeare (erste Übersetzungen um 1770/1800, Schlegel!) und mit Walter Scotts Romanen („Ivanhoe“ 1820) in Deutschland Mode geworden. Vgl. Richard Wagner 1813 (!), Richard v. Meerheimb 1825, Richard Strauß 1864, R. Tauber, R. Dehmel, R. Volkmann. Aus der Geschichte sind bekannt: R. Ohnefurcht, Herzog der Normandie (10. Jahrh.) und Richard Löwenherz (12. Jahrh.); dann die engl. Könige R. der Heilige (8. Jahrh.) und R. III. (Shakespeare). – Schon Joh. Fischart wußte, „Engellender heißen Richard und Edward“. Engl. Koseformen sind Dick(y), Dicken(s). Ricarda Oktavia Huch verrät durch ihre Vornamen Beziehungen zu Italien! Vgl. KF. Carda.

Ricklef: ndd.-fries. für Rikolf; vgl. Rickwart (rik „mächtig). Rita für ital. Marita s. Maria!

Robert: normannische Namensform für altgerm. (H)rod-berht „Ruhmglänzend“ (vgl. süddt.-bair. Rupert, Ruprecht!). Bekannte Herzöge der Normandie sind Robert Guiskard (gest. 1085), dramatisch behandelt von Kleist 1803, und vor allem Robert der Teufel, der Vater Wilhelms des Eroberers (gest. 1035), im 18. Jahrh. durch die Ritterdramen in Deutschland eingeführt und im 19. Jahrh. durch die Meyerbeersche Oper („Robert le diable“ 1831) beliebt geworden! – Beispiele: Robert Bahr 1774, Robert Blum 1807, Robert Schumann 1810, Robert Bunsen, Robert Koch, Robert Stolz (Komponist, 1882).

Rochus: franz. Pestheiliger und Nothelfer des 14. Jahrh. (Vgl. die Redewendung „St. Roch et son chien“ – sein Hund, der ihm die Pestwunde leckte – für „unzertrennliche Freunde“). Vgl. Goethes „St. Rochusfest in Bingen“. Als Vorname selten: bekannt ist Rochus Frhr. v. Liliencron als Volksliedforscher.

Roderich: germ. Hrod-rik „Ruhmvoller Herrscher“. Name des letzten Westgotenkönigs in Spanien, der 711 den Mauren in der Schlacht bei Xeres de la Frontera unterlag; verherrlicht in Dramen von Geibel 1844 und Felix Dahn 1875. Spanisch Rodrigo wie Federigo für Friedrich („Rückwärts, rückwärts Don Rodrigo“ heißt es in Herders „Cid“).
Vgl. Roderich Anschütz. Ein Roderich Benedix, geb. 1811 (!), war Schauspieler.

Roger: normannisch für Rodeger, d. i. Rüdiger. Berühmt ist der Scholastiker Roger Bacon (engl. Franziskaner, 13. Jahrh.); bekannt auch Roger II., norm. König von Sizilien (12. Jahrh.).

Roland: Markgraf der Bretagne, Paladin Karls des Großen, der 778 auf einem Zug gegen die Mauren im Paß von Roncesvalles/Spanien, von (heidnischen) Basken überfallen, den Tod fand; von der Sage verherrlicht („Rolandshorn" und „Rolandsruf"!), auch im Rolandslied des 12. Jahrh. R. ist die normannisch-romanische Form für germ. (H)rod-nand („Ruhm"-„kühn") wie Robert für (H) rod-bert. Französ. ist (Romain) Rolland, ital. Orlando (di Lasso). Ein Rechtssymbol für städt. Freiheit und Gerichtsbarkeit sind die Rolandsstandbilder (in Bremen, Halberstadt usw.): „Roland der Riese am Rathaus zu Bremen ..." (Vgl. schon bei Luther: „die Rolande und Riesen"). „Der rasende Roland" (Orlando furioso) ist eine Dichtung des Italieners Ludovico Ariosto. Ein Epos „Roland" schrieb 1806 Friedrich Schlegel (nach Herders Cid), ein Gedicht „Klein Roland" 1808 L. Uhland, einen Roman „Roland" 1892 Anna von Bonin.

Rolf: verschliffen aus Rolof, älter Rodelof für Rodolf, niederdt. Form von Rudolf. Zu Anfang unseres Jahrhunderts als niederdt.-nord. Kurzname Mode geworden. Vgl. auch den altdän. Sagenhelden Hrolf (Kraki) in der Edda. Englische Form ist Ralph, Ralf, vgl. Ralph Benatzki und Ralph Arthur Roberts. Als Schriftsteller bekannt ist Rolf Italiaander.

Roman(us): Wallfahrtsheiliger im bad. Kinzigtal. Vgl. Roman Wörner!

Romy: privater Lallname für Rosemarie, wie Amy für Annemarie. Bekannt durch Romy Schneider (Filmstar).

Ronald: modisch (aus dem Schottischen wie D o n a l d).

Rosa: als Kurzform zu Rosamunde, dem Namen einer langobard. Königin, hat Rosa ursprünglich adlig-ritterlichen Klang: Goethes Schwager Vulpius hat den Namen mit seinem Räuberroman „Rinaldo Rinaldini" 1798 bei uns eingeführt; vgl. auch „Rosa von Tannenburg".
Zugrunde liegt lat. rosa „die Rose". Eine Bauernmagd „Rose Bernd" begegnet bei Gerhart Hauptmann (1903 als Drama).

Rosalie: mit roman. Endung wie Natalie, Amalie, Eulalie, alle dem 18. Jahrh. und dem Anfang des 19. Jahrh. angehörend. R. heißt auch die Schutzheilige von Palermo und der Insel Ischia b. Neapel. Einen Roman „Rosaliens Nachlaß" schrieb 1812 (!) der Gothaer Philologe Frdr. Jacobs, „Rosaliens Briefe" 1779: Sophie v. Laroche; auch die kom. Oper „Doktor und Apotheker" 1786 von Ditters von Dittersdorf trug zur Beliebtheit des Namens bei.

Rosalinde: bekannt aus der Operette „Die Fledermaus" von Joh. Strauß.

Rosamunde: Langobardenkönigin des 6. Jahrh., Gattin König Alboins, den sie (der Sage nach) ermordete, weil er sie gezwungen haben soll, aus dem Schädel ihres erschlagenen Vaters, eines Gepidenkönigs, zu trinken. Dramatisch behandelt schon von Hans Sachs 1536, von Weiße 1759, von Fouqué 1813 und wiederholt im 19. Jahrh. (so 1840 von Chr. Ed), musikalisch von Schubert in der „Rosamunden-Ouverture".

Rosemarie: zu Beginn unseres Jahrh. in der Wandervogelzeit mit den Lönsliedern Mode gewordener Doppelname („Rosemarie, Rosemarie, sieben Jahr mein Herz nach dir schrie"). Auch in Agnes Günthers vielgelesenem Roman „Die Heilige und ihr Narr" heißt die Hauptperson R. Berüchtigt aus der Nachkriegszeit ist R. Nitribit. Eine Rosa Maria Varnhagen v. Ense begegnet schon 1783. siehe auch Koseform R o m y !

Rosina: Weiterbildung zu Rosa mit ital. Endung, wie Pauline zu Paula, bekannt aus Rossinis „Barbier von Sevilla" 1816.

Rosita: zu Rosa, mit spanischer Endung wie Anita, Lolita, Benita, Marita.

Roswitha: berühmt als (lat. frisierter) Name der adligen Nonne Hroth-swith von Gandersheim im 10. Jahrh., Verfasserin lateinischer Dramen, mit denen sie die Komödien des Terenz aus der Klosterlektüre verdrängen wollte. Germ, hroth „Ruhm", swind (altsächs. swith) „schnell, stark". Vgl. Hildeswid, Vol(k)swid, Meinswid. Bekannt wurde in den 30er Jahren die junge Malerin Roswitha Bitterlich. Schon 1814 nannte der Pseudoromantiker Friedr. Kind seine Tochter Roswitha.

Rotraut: germ. Name, aus der Geschichte bezeugt durch Kaiser Karls d. Gr. Tochter Hroth-thrud (Hroth „Ruhm", thrud „Kraft" wie in Hild-thrud, Gertrud). Vgl. auch Waltraut, Gertraut, Irmtraut!
Uns geläufig durch Mörikes Ballade: „Wie heißt König Ringangs Töchterlein? Schön Rotraut!" Ein Drama „Rotrudis" schrieb 1854 Herman Grimm. Eine Rohtraut Stößinger um 1905.

Rüdiger: germ. Name aus der Heldensage: Hrod „Ruhm", ger „Speer". Im Nibelungenliede begegnet Markgraf R. von Bechlaren (heute Pöchlarn a. d. Donau), der mit seiner Frau Gotelind den Burgunderkönigen aus Worms auf ihrem Zuge ins Hunnenland Gastfreundschaft gewährt. Ein Züricher Ratsherr Rüdiger Manesse (um 1300) gilt als Sammler von ritterlichen Minneliedern: die berühmte Heidelberger Liederhandschrift der Minnesinger heißt daher die „Manessische". Ein Ernst Rüdiger Graf von Starhemberg verteidigte 1683 erfolgreich Wien gegen die Türken; ein E. R. Fürst v. St. war 1934/36 österr. Vizekanzler.
In den 30er Jahren kam R. vereinzelt in Aufnahme, nach dem Vorgang Rudolf Heß', der seinen Sohn so nannte.

Rudolf: „Ruhmwolf" (germ. Hrod-wulf), vgl. auch niederdt. R o l f ! Rudolf ist ein vornehmlich alemannisch-schweizerischer Name, mit der alem. Koseform R u d i (vgl. Ruodi der Fischer in Schillers „Wilhelm Tell"!) und der alem. Form R u o f f (Familienname Ruf!). Schweizer waren z. B. die Dichter Rudolf von

Ems (Epiker um 1200: „Wilhelm v. Orlens") und (Graf) Rudolf v. Fenis, 12. Jahrh. Berühmt wurde der Name durch Kaiser Rudolf von Habsburg; mit den Habsburgern ist er dann nach Österreich gekommen und hat im 19. Jahrh. von Wien aus (durch dynast. Einfluß wie Ferdinand!) eine neue Blütezeit erlebt. Bekannt sind Rudolf Eucken (Philosoph), Rudolf Steiner (Theosoph) u. a.; Rudolf Prack (Filmstar), R. Presber, R. Herzog. Zur dichterischen Verherrlichung des Habsburgers vgl. Schillers Ballade „Der Graf von Habsburg" und Just. Kerners Ballade „Rudolfs Ritt zum Kaisergrabe".

Ruprecht, Rupert: den speziell bairischen Charakter verdankt der Name dem Apostel des Christentums in Bayern, dem hl. Rupert oder Ruprecht, dem ersten Bischof von Salzburg. Die Gestalt des weihnachtlichen „Knecht Rupprecht" erscheint schon in den geistlichen Schauspielen des Mittelalters mit groben Wesenszügen; so erklärt sich unser Schimpfwort Rüpel, urspr. Kurzform zu Ruprecht.
Germ. Hrod-berht meint „ruhmglänzend", normann. Form ist R o b e r t ! Geläufig ist uns Kronprinz Rupprecht von Bayern, aus der Geschichte: Ruprecht von der Pfalz, dt. König 1400; auch mehrere Pfalzgrafen bei Rhein hießen so.

Ruth: mit vielen anderen bibl. Namen erst im Reformationsjahrhundert beliebt geworden, nach der frommen Moabiterin Ruth, der Ährenleserin („Wo du hingehst, da will auch ich hingehen"); noch im 19. Jahrh. oft literar. behandelt, so daß der Name um 1900 noch einmal eine Blütezeit erlebte. Vom Film bekannt ist Ruth Leuwerik.

Ruthild: germ. Frauenname, vgl. die burgund. Königstochter Chrodhild (6. Jahrh.) zu hrod „Ruhm" und hild „Kampf". Heute nur modisch.

S

Sabine: ursprünglich altrömischer Gentilname (Neros Gattin z.B. hieß Poppaea Sabina), nach der Landschaft nordöstl. von Rom, den Sabinerbergen mit dem „Sabinerwein", wo der Dichter Horaz sein Landgut hatte. „Sabina oder Morgenscenen einer reichen Römerin" schrieb 1803 Karl August Böttiger. Als Romanfigur begegnet Sabine in Gustav Freytags „Soll und Haben" 1855. Lange Zeit außer Kurs, ist S. heute wieder Modename, bevorzugt wegen des Anklanges an Biene, Bienchen. Vgl. auch die Moritat „Sabinchen war ein Frauenzimmer, so schön, so tugendhaft". Vom Film bekannt ist Sabine Sinjen.

Sally: Kurzform für Rosalie (siehe dort!). „Sallys Revolutionstage" schrieb 1814 der Schweizer U. Hegner; auch Johanna Spyri (Schweiz) verwendet den Namen.

Sanne(rl): süddt.-österr. Koseform für Susanne. Vgl. das Wiener Volksstück „Sannerl" 1905 von Hermann Bahr.

Sascha: siehe A l e x a n d e r !

Sebald: fränk. Heiligenname, nach dem Schutzpatron Nürnbergs, dem Einsiedler des 8. Jahrh.: Sebaldus, berühmt durch Peter Vischers Grabmal! Schon Fischart sagt: „Nürnberger heißen Sebald". Die Form mit e beruht auf niederdt. Herkunft: eigtl. Sigebold, vgl. niederdt. Se(ge)-band, Se(ge)mund, Se(ge)bert, Se(ge)brand statt Sige-! Aus der Literatur bekannt ist „Sebaldus Nothanker" 1773 v. Nicolai.

Sebastian: Erweiterung zu griech. Sebastös (= lat. Augustus): „der Ehrwürdige". Märtyrer und Heiliger (gest. 288), dessen Kult um 1500 in Süddeutschland (bes. Bayern), in der Schweiz und im Rheinland blühte, wie schon die mannigfachen oberdt.-rhein. Koseformen des Namens verraten. Sein Martyrium durch Pfeilbeschuß – in der Kunst der Renaissance oft dargestellt (vgl. Botticelli) – ließ ihn zum Patron der Schützengilden werden (auch Pestheiliger). Koseformen (auch Familiennamen): Sebaß, Bastian, Baustian, Paustian, Basti, Baschtel, Baschi, Bäschele, Bastle, Bestel (Fischart), Best, Bestgen. Namensträger: Seb. Brant, Satiriker des Narrenschiffs (1457 geb.), Seb., König v. Portugal (gest. 1578), im 19. Jahrh. mehrfach dramat. behandelt, Seb. Bach (ev., geb. 1685), Seb. Kneipp 1821.

Selma: mit der Ossian-Schwärmerei des 18. Jahrh., der auch O s k a r und M a l w i n e (als Liebespaar) ihre Verbreitung verdanken, durch Klopstocks Oden aufgekommen, im Anschluß an Macphersons pseudo-kelt. Dichtungen „The Songs of Selma" (die auch der junge Goethe übersetzte), wo aber Selma ein Land (das Reich Fingais) bezeichnete! Uns Heutigen durch die schwed. Dichterin Selma Lagerlöf geläufig. Vgl. auch Selma Heine 1855.

Senta: hin und wieder noch modisch seit Richard Wagners Oper „Der fliegende Holländer“ 1843, wo die Tochter des norweg. Seefahrers Daland so heißt, die mit ihrer Treue den Holländer zu erlösen sucht.

Sepp, Seppl: bair.-österr. Kurzform zu Joseph. Bekannt auch als Komikerfigur des Kasperle-Theaters. Vgl. ital. Giuseppe!

Severin: siehe Sören!

Sibylle: griech.-lat. Bezeichnung für „Wahrsagerin, Prophetin“. Zu Platons Zeiten kannte man nur eine, später mehrere Sibyllen; die berühmteste war die von Cumae/Italien; deren Prophezeiungen (die Sibyllinischen Bücher, die aber auch in der christl. Kirche eine Rolle spielen, weil sie das Erscheinen Christi prophezeit haben sollen) wurden im Capitol zu Rom aufbewahrt und in bedrängten Zeiten zu Rate gezogen. Berühmt sind die Sibyllendarstellungen in der Sixtinischen Kapelle von Michelangelo. Als Vorname war S. im Mittelalter selten (z. B. Gattin des Normannen Tankred/Italien um 1200); das kath. Rheinland kennt den Doppelnamen Maria Sibylla (Marizebill), der berühmt geworden ist durch die Botanikerin und Forschungsreisende des 17. Jahrh.: Maria Sibylla Merian, Tochter des Kupferstechers M. Eine Markgräfin Sibylle regierte im 18. Jahrh. in Baden, eine Kurfürstin S. 1640 in Sachsen, eine Herzogin Magd. Sibylle 1652 in Württ. Als heutiger Modename ist S. literarisch-filmisch bedingt! Vgl. Sibylle Schmitz, Filmschauspielerin, Sibylle Binder, Schauspielerin. Einen Roman „Sibylles Heirat“ schrieb 1907 Gräfin v. Bünau.

Sidonie: „Frau aus Sidon“ (in Syrien, dem alten Phönizien), eine „Phönizierin“. Vgl. auch den lat.-franz. Roman „Pontus und Sidonia“ (dt. im 15. Jahrh.). Aus dem Adel des 17. Jahrh. ist bekannt Sidonie von Bork, die pommersche „Klosterhexe“, durch die Erz. von Wilh. Meinhold 1847; aus dem 19. Jahrh.: Sidonie Klara Gorges, geb. Hacker („Thür. Dorfgeschichten“ 1892).

Siegbert: fränkisch-merowingischer Königsname. König Sigibert (vermählt mit der westgot. Brunhilde), wurde 575 auf Betreiben der Fredegund ermordet.

Siegfried: der Name des Nibelungenhelden, germ.-fränkischen Ursprungs, war im ganzen Mittelalter beliebt und zeugt von der Popularität der Siegfriedsage, die noch bis zum 30jährigen Kriege im Volke lebte, wie das jüngere Seyfriedslied und das Volksbuch vom hürnen Seyfried (auch von Hans Sachs benutzt) bestätigen. Die volkstümliche Form des Namens war Sifrit, sie liegt den zahlreichen Familiennamen von ihm zugrunde, vgl. Seifert, Seufert, niederdt. Sievert, Sievers nebst Sieveke, Sieveking, aber auch oberdt.-schles. Seidel (alt Sidel) usw. Mit dem Vordringen der Heiligennamen unter dem Einfluß kirchlicher Propaganda kam S. seit dem 15. Jahrh. außer Gebrauch und erwachte erst mit der Romantik des 19. Jahrh. besonders durch Richard Wagners Nibelungenzyklus in den 70er Jahren zu neuem Leben (bisweilen auch in jüd. Familien anzutreffen.) Heute schon wieder außer Mode.
Neben Wagners Musikdramen vgl. auch Hebbels Nibelungentrilogie! Siegfried Wagner, R. W.’s Sohn.

Sieglinde: König Siegmund und Königin Sieglinde waren nach dem Nibelungenliede die Eltern Siegfrieds. Sieglind hieß auch eine der Nixen (Hadeburg und S.), die dem Führer der Nibelungen (Hagen) an der Donau ihr Schicksal im Hunnenland voraussagten. Als Vorname erst seit R. Wagner („Walküre" 1870) modisch verwendet.

Siegmund: König Siegmund und Königin Sieglinde (zu Xanten am Niederrhein) waren nach dem Nibelungenliede die Eltern Siegfrieds. Sigimund ist altgerm. Name (mund meint „Schutz" wie in „Vormund").
Schon Tacitus (Annalen 57) erwähnt einen Segimundus als Sohn des Cheruskerfürsten Segestes. Im Mittelalter ist der Name ungebräuchlich. Erst die Romantik erinnert sich seiner: So nennt um 1813 Achim von Arnim seine Söhne Siegmund, Friedemund, Freimund, Kühnemund!
Als Deckname (wie Siegfried) auch jüdisch: Sigmund Freud, Begründer der Psychoanalyse 1856, Sigmund Feist, Philologe (1860 ca.). Die Variante Sigismund begegnet in Burgund mit König S. (gest. 523), der heilig gesprochen wurde; diesem Heiligen zu Ehren nannte Kaiser Karl IV. in Prag um 1368 seinen Sohn Siegismund, den späteren König von Böhmen und deutschen Kaiser; seitdem begegnet der Name mehrfach bei Herzögen (Tirol) und Grafen (Anhalt, Bayreuth), und selbst in Polen.
Auch ein Sohn Wilhelms II. hieß (Prinz) Siegismund. Ein bekanntes Kinderbuch ist die Geschichte vom „Siegismund Rüstig". Die burgundische Form Sigis- beruht im übrigen auf gotisch sigis „Sieg".

Sigrid: wie Ingrid und Astrid (rid = Reiterin) aus Skandinavien (Schweden) importiert, erst in unseren Tagen zur Mode geworden; es spiegelt sich darin die literarische und politische Aufgeschlossenheit unseres Jahrhunderts gegenüber dem Norden.
Als persönliche Vorbilder seien genannt die Schriftstellerin Sigrid Undset und die Sängerin Sigrid Onegin.

Sigrun: in der nordischen Heldensage die Gattin Helgi's des Hundingstöters, eine Art Walküre („zauberkundige Siegverleiherin"), germ. runa meint „geheimnisvolle Weisheit, Zauberkunde", vgl. Rune und raunen! Gleichgebildet sind Gudrun und Ortrun.

Silke: friesische Koseform mit k-Suffix wie Elke und Alke. Schon um 1300 in Kiel als Sileke, Szilke begegnend, wohl zu Cäcilie gehörig, vgl. auch fries. Silja.

Silvia: „Waldkind" (zu lat. silva „Wald"). Eine Rea Silvia, Vestalin (d.i. keusche Jungfrau im Tempeldienst) zu Alba, galt den Römern als Mutter des Romulus und Remus. Ein Silvius soll der Sohn des Äneas gewesen sein; auf ihn wird das Königsgeschlecht namens Silvius zu Alba zurückgeführt.
Bei uns taucht der Name Silvia erst mit der Idyllendichtung des 18. Jahrh. auf (so z.B. bei Gellert): „Vom Vater seiner Braut erhielt Philet das Glück, mit Sylvien sich endlich zu vermählen". In Lehars Operette „Die lustige Witwe" ist Sylvia die Frau des Bogdanowitsch.

Simon: als biblischer Name erst durch die Reformation eingeführt (es war der eigentliche Name des Petrus). Bekannt ist der Kirchenlieddichter Simon Dach 1605.

Simone: in Frankreich gebräuchlich, vgl. Simone de Beauvoir, Schriftstellerin, und Simone, Frau des Filmschauspielers Curd Jürgens.

Sixt(us): alter römischer Papstname (vgl. auch „Sixtinische Madonna, Sixtinische Kapelle"). In katholischen Gegenden, besonders in Bayern, als Vorname anzutreffen. Sixt Beckmesser war ein Vertreter des Meistersangs; im Weltkrieg 1918 tat sich Sixt von Arnim als Heerführer hervor. Ein Sixtus Birk schrieb um 1530 Schuldramen.

Sö(h)nke: friesische Koseform von der Verwandtschafts-Bezeichnung Sohn, wie Broerke von Broder, das gleichfalls als fries. Taufname begegnet; noch 1962 verwendet, z.B. Söhnke, Bruder: Roger (Petersen). Bekannt sind die Familiennamen Sönnecken, Sönnichsen, Sönksen u. ä., auch Söhnker! Vgl. Brodersen und Feddersen. Ein Sonnick Frese 1598 in Flensburg.

Sonja: russ. Koseform zu Sophie (vgl. Katja zu Katharina). Bekannt geworden durch Sonja Henie (Eiskunstläuferin) und Sonja Ziemann (Filmschauspielerin).

Sophie: griech. Sophia = Weisheit. Schöpfung der Gnostiker auf Grund von Sprüche Salomonis Kap. 8: Die hl. S., gest. unter Hadrian, Mutter der Märtyrinnen Fides, Spes und Caritas (Glaube, Hoffnung, Liebe), fand im wesentlichen in Süddeutschland und im Elsaß Verehrung, daher dort Koseformen wie Soff, Sofferl (Wien), Fye, Fey, in Schlesien auch ein Metronymikon wie Soffner, Suffner! Vgl. Königin S. von Böhmen, † 1425. Beliebt war Sophia im byzantin. Kaiserhause (entsprechend ihrer griech. Herkunft), daher noch heute: Prinzessin Sophie v. Griechenland. In Deutschland kam der Name erst im 17./18. Jahrh. zur rechten Blüte, und zwar auf dynastischem Wege – da machte ihrem Namen Ehre: die hannoversche Prinzessin u. Königin von Preußen Sophie Charlotte (gest. 1705), die „philosophische Königin", deren unermüdliches Fragen „nach dem Warum des Warum" ihrem Lehrer Leibniz den Seufzer entlockte: Vous voulez savoir le pourquoi du pourquoi! Zur Zeit Goethes wimmelt es dann von Sophien (vgl. seine Freundin S. La Roche, geb. 1731), woran nicht zuletzt auch Rousseaus „Emile" mit der Mustergattin Sophie, dem „Bild edler Weiblichkeit", Anteil hat (ersch. 1761; vgl. S. Brentano 1770!). Ferner Sophie Dorothee, Herzogin v. Weimar, u. die Großherzogin Sophie v. S-Weimar (gest. 1897), die die „Sophien-Ausgabe" von Goethes Werken veranlaßte.

Sören: dänische Form des Heiligennamens Severin(us) (zu lat. severus „streng"). Vgl. die St. Severins- oder Sörenskirche in Alt-Hadersleben. Bekannt durch den dänischen Theologen Sören Kierkegaard.

Stanzi, Stanzerl: siehe Constanze!

Stasi: siehe A n a s t a s i a !

Stenzel: (d. i. Stanislaw, Landespatron Polens) siehe W e n z e l !
Schon Fischart wußte: „Polen heißen Stenzel."

Stephan, Stefan: Koseform Steffel, oberdt., zu griech. stephanos „Kranz, Krone". Heiligen- und Papstname, nach dem ersten christl. Märtyrer (gesteinigt, Apostelgeschichte 6,8 u. 7,58, in der Kunst oft dargestellt, so von Raffael).
Auch der erste König von Ungarn (gest. 1038) hieß so seit seiner Taufe (ungar. Istvan), vorher Maik; im Wiener Stephansdom ruht sein Haupt. Schon Joh. Fischart wußte, daß „Ungarn Stephan heißen".
In Bayern ist St. Patron fürs Vieh. Die ostdt. Kurzform Stepke (zu slaw. Stepan) meint einen kleinen Kerl, „Dreikäsehoch". Bekannt sind Stefan George 1868 und Stefan Zweig 1881.

Stephanie, Stefanie, Steffi: mit der Adoptivtochter Napoleons, späteren Großherzogin von Baden, nach Süddeutschland gelangt, der angeblichen Mutter Kaspar Hausers. Vgl. die Schriftstellerin Stefanie Keyser.

Stine: Kurzform zu Augustine, Ernestine, Justine, Christine, wie diese Vollformen also erst im 18. Jahrh. aufgekommen. Roman „Stine" von Fontane 1890 (wo St., eine arme Arbeiterin, Geliebte eines Grafen Woldemar ist). Geläufig sind uns „Mine, Trine, Stine" durch Liliencrons Gedicht „Die Musik kommt".

Stoffel: siehe C h r i s t o p h !

Susanne, Suse, Susette: Sinnbild der Keuschheit, auf Grund der apokryphen Erzählung (Zusatz zum Buch Daniel) von der schönen S., der Frau Joachims in Babylon, die (im Bade belauscht) fälschlich des Ehebruchs bezichtigt, zum Tode verurteilt, aber von Daniel errettet wird. In der Kunst oft dargestellt, als bibl. Name seit der Reformation besonders volkstümlich, auch in Liedern („Suse, liebe Suse, was raschelt im Stroh"); heute – trotz des altmodisch-biederen Untertones – wieder auffallend bevorzugt.
Aus der Zeit des Pietismus sind bekannt: Susanna Kath. von Klettenberg (geb. 1723, Goethes Freundin, vgl. die „Bekenntnisse e. schönen Seele" im Wilhelm Meister) und S. v. Bandemer (geb. v. Franklin 1751), Freundin Herders und Wielands. Dazu Susette Gontard (Hölderlins Diotima), gest. 1802. In „Figaros Hochzeit" von Mozart ist Susanne Name der Zofe.

Swantje: friesische Form (statt Swan-ke, wie Altje statt Alke, Eltje statt Elke, und Antje statt Anke) zum Walkürennamen S w a n h i l d . In der nord. Sage ist Swanhild die Tochter Sigurds und Gudruns, von König Ermenrich, dem Ostgotenherrscher, umworben, aber auf seinen Befehl von wilden Rossen zertreten. Als Vorname begegnet Swanhilt z. B. 786 in St. Gallen und auch in England. Auch Karl Martells Gattin hieß Sw.
Zur Vorstellung von der Schwanenjungfrau vgl. z. B. Helgis Geliebte Kara, die in Schwanengestalt über ihm schwebend die Gegner im Kampfe durch ihren Gesang lähmt. Auch Swana ist als Koseform zu Swan(h)ilda a. 970 bezeugt

(Orig. Guelforum 1 Nr 16). Swantje spielt bei Hermann Löns (im „Zweiten Gesicht“) eine Rolle.

Swen: schwedisch (altnord. sweinn) = „Mann, Krieger“. Swen Gabelbart, Vater Knuds d. Gr., führte um 1000 das Christentum in Dänemark ein.

Sylvia: siehe Silvia!

T

Tamara: russisch. Heute modisch. Vgl. T. Karsawina, Tänzerin.

Tatjana: russisch. Heute modisch wie Tamara! Vgl. Tatjana Seiß. Tatjana Gsowska (Ballett der Berliner Oper). Koseform T a n j a !

Tede, Tetje: niederdt. Koseform, eigtl. zu den Det-, Diet-Namen (Dietrich usw.), in Praxis aber auch für Theodor gebraucht (wie engl. Teddy).

Telse, Telsche: friesisch für E l s e, E l i s a b e t h; statt (Sank)t-Else. Vgl. Telse Mildehoved 1356 Lübeck.

Thaddäus: Heiligenname, nach dem „Apostel" (Judas) Thaddäus; vgl. den süddt. Familiennamen Thaddey, bad. auch Thade. Heute bekannt durch den Schriftsteller Thaddäus Troll. Ein poln. Freiheitsheld 1749 hieß Th. Kosciuszko.

Thassilo: uns geläufig durch den Schriftsteller Thassilo von Scheffer. Aus der Geschichte bekannter Name des letzten Agilolfingers, des Herzogs T. von Bayern (gest. 794), bis heute ungedeutet; wahrscheinlich Kurz- oder Lallform zu dem damaligen fränkisch-merowingischen Königsnamen Dagobert, Tagebert (vgl. Ortsnamen wie Tagebrechts: Tabertshausen u.a.) analog zu Hasso, d.i. Hadebert, oder Busso, Bosse, d.i. Burghard, Borgward, oder Hesso, d.i. Hermann, oder Wessel, d.i. Werner, oder Gosso, Gösslin: urkdl. = Gottfried (um 1300 in Straßburg).

Thea: Koseform zu D o r o t h e a , siehe dort!

Theda: fries. Frauenname, wie das maskuline T h e d e Kurzform zu Namen mit D e t - (niederdt. für D i e t - „Volk"), z.B. Detburg, Detwich (diese urkundlich). Auch Thedke und Tetje, mit kosendem k-Suffix.

Thekla: so nannte Schiller in seinem Drama „Wallenstein" die Tochter des Feldherrn, die in Wirklichkeit Marie Elisabeth hieß. Vgl. auch Laura! Seitdem begegnen im 19. Jahrh., bes. in Adelskreisen, verschiedene Trägerinnen des Namens: Thekla von Gumpert, seit 1854 Hrsg. des „Töchter-Albums"; Thekla Lingen 1866, balt. Dichterin; Ida v. Düringsfeld nannte sich pseudonym gern Thekla. Vgl. auch „Thekla Lüdekind" 1900 von Potenz. Sprachlich ist Th. griech. Ursprungs: Theokla („Gottes Ruhm verkündend"), Name einer Urchristin zu Pauli Zeit (in der apokryphen Apostelgeschichte „Acta Pauli et Theklae" um 180).

Theobald: von der Ritterromantik um 1800 in Aufnahme gebrachter germ. Taufname in lat. Urkundenform mit Anlehnung an griech. theos „Gott" (wie in griech. Theodor), urspr. Theudebald (= mhd. Dietbolt), geschichtlich bezeugt durch den Merowinger Westfrankenkönig Theudebald, den Sohn Theudeberts und Enkel Theuderichs (6. Jahrh.). Im Mittelalter wurde die mhd. Form des Namens durch den heiligen Thiebolt verbreitet. nach dem Bischof von Gubbio/ Italien, besonders im Elsaß (Kultzentrum Thann), wo er im Familiennamen Diebold fortlebt. Vgl. frz. Thibaut, ital. Tebaldi (wie Garibaldi), diet meint „Volk" und bald „kühn". Theobald nannte 1817 Justinus Kerner seinen Sohn; auch im Lutherdrama von Z. Werner 1807 heißt der Held so. Vgl. auch Th. Nöthig, Lyriker 1841, Th. von Bethmann-Hollweg, Kanzler (1856–1921). Frühes Beispiel ist der Lyriker Th. Hock 1573/Pfalz. Th. Ziegler, Philosoph (t 1918).

Theodor: griech. „Gottesgeschenk" (russ. Feodor, Fedor). Alter Heiligenname durch den hl. Th., Bischof von Sitten (gest. 390), in der Schweiz als Sante Joder bzw. Sante Jodel beliebt gewesen und von dort nach Süddeutschland gelangt. Erst im Jahrh. des Pietismus taucht der Name auch bei Protestanten auf, vgl. Th. Quistorp (1720 Rostock), ähnlich Theobul (Kosegarten, 1758 Meckl.), zu griech. theos = Gott! Dazu Kurfürst Karl Th. (Pfalz). Volkstümlich aber erst durch Theodor Körner geworden (ursprünglich Karl Theod. K.), gef.1813; daher Th. Mommsen 1817, Th. Storm 1817, Th. Fontane 1819.

Theodora: griech. „Gottesgabe", dies ist die ursprüngliche Form, zu Theodor gehörig, aber selten gebraucht, da sich statt ihrer die Umkehrung Dorothea, Name einer Heiligen (Märtyrin unter Diokletian), eingebürgert hat (siehe dort!). Vgl. die russ. Form Feodora.

Theophil(us): griech. = „Gottlieb". Name altchristlicher Bischöfe; auch die Apostelgeschichte ist an einen Th. gerichtet. Aus dem Mittelalter bekannt der hl. Magier Th. (6. Jahrh.), eine Faustnatur, dessen Legende vom Bündnis mit dem Teufel mehrfach in niederdt. Dramen behandelt wurde. Ein Th. gilt auch als Vater des dt. Glockengusses (vgl. die Lullusglocke in Bad Hersfeld.)
Uns geläufig durch den Schlager „O Theophil" von Paul Lincke. Theophilus hieß auch Lessings Großvater, Bürgermstr. von Kamenz, im 17. Jahrh.

Therese, Resi: Theresia (4. Jahrh.) war eine Griechin aus Thera (einer Insel). Erst die heilige Th. aus Spanien (gest. 1582) hat dem Namen zur Beliebtheit verholfen, so bei kathol. Fürstinnen in Bayern und Österreich. Th. hieß auch e. Schwester R. Wagners. Bekannt ist Th. v. Konnersreuth.

Thies: siehe Matthias!

Thilde: siehe Mathilde!

Thomas: (hebräisch: „Zwilling"; vgl. Ev. Joh. 11, V. 16: „Thomas, der genannt ist Zwilling"). Der Name des Apostels zählte im Mittelalter zu den beliebtesten Heiligennamen und lebt daher auch in zahlreichen Familiennamen fort (Vgl. Thomsen, Maasen, Maas, Thöml, Dehmel usw.). Bei Protestanten erst im 19. Jahrh. vereinzelt gebräuchlich (vgl. Thomas Mann 1875). Heute auffallend bevorzugt!

Berühmt sind: Thomas von Aquino, der kathol. Scholastiker (gest. 1274), Th. von Kempen, der kathol. Mystiker (gest. 1471), Th. Morus, engl. Humanist (gest. 1535). Beliebt als Vorname in England, daher Tommy = Engländer! Vgl. auch „Onkel Toms Hütte"!

Thor: nordischer Herkunft, Kurzform zu nord. Frauennamen wie Thorhild, Thorgard u. ä. (Thor = Wodan). Eine Thorgerdr begegnet als Tochter eines Thorsteinn in der altnord. Saga, eine andere als Tochter des Thorbrandr.

Thorsten: nordischer Modename unsere Tage; altnord. Thor-steinn, d. i. „(Stein) hammer des Gottes Thor", vgl. Thorbrand, Thorbjörn, Thorwald! Einen Roman „Neide Thorstens Sanduhr" schrieb O. Enking 1907.

Thorwald: nordisch wie Thorsten, siehe dort!
Bekannt durch den dän. Bildhauer Thorwaldsen.

Thusnelda: bekannt als Gattin des Arminius, des Befreiers Germaniens von den Römern, und als Mutter des Thumelicus. Alle drei Namen sind unerklärt! J. Grimm suchte Th. als „Thursenhilda" zu deuten (germ. thurs- „Riese", hild „Kampf"). Seit Klopstocks „Hermannsschlacht" und den Freiheitskriegen hin und wieder in nationaler Hochstimmung gebraucht. So schreibt der Prediger Beneken 1816: „Um ihn endlich der Vergessenheit zu entreißen, vermag ich nichts als ihn an Ihr Gefühl zu halten, edle deutsche Mütter!" Vgl. die Dichterin Thusnelda Kühl (1872, Holstein); eine Th. Forchert um 1913 (Rostock). Zur Koseform Nelda vgl. „Nelde Thorstens Sanduhr", Roman von Enking 1907.

Tilde, engl. **Tilly**: Kurzform zu Mathilde (und Klothilde),s. dorte!

Till: berühmt geworden durch den Schalksnarren Till Eulenspiegel aus dem Braunschweiger Raum. Als norddt. ist der Name auch Joh. Fischart im 16. Jahrh. geläufig: „Lübecker heißen Till." In der Form Tile ist er urkdl. als Kose- oder Lallform zu Diederich erwiesen: so hieß z. B. ein Göttinger Ratsherr Thidericus Pust in de Bussen 1343 auch Tile P. Vgl. heute Thilo Koch, Thilo v. Trotha und Familiennamen wie Thiel(e), Thieleke, Thielscher. (Näheres im „Schles. Namenbuch" des Verf. 1953).

Tilmann: bekannt durch den fränk. Bildschnitzer Tilman Riemenschneider, Zeitgenosse A. Dürers. Ein Tilman oder Thilo Schwarze war 1327 Ratsherr in Breslau. Seit Jahrhunderten außer Gebrauch, heute nur modisch. Die niederdt.-westfäl. Form Telemann ist berühmt geworden als Familienname des großen Komponisten.

Tim: neuzeitl. Abkürzung für Timotheus („Ehre Gott"), den Begleiter des Apostels Paulus, der an ihn 2 Briefe schrieb. „Sieh da, sieh da, T., die Kraniche des Ibykus!" heißt es in Schillers Ballade. –Bekannte Dichter sind Tim Klein 1870 und Tim(m) Kröger (1844 Rendsburg). Man beachte auch die Kurzform Timmo (Thimo, Thieme) für Ditmar, heute selten; Thimmo oder Thietmar von Merseburg war um 1000 namhafter Chronist und Bischof.

Tine: Kurzform zu Christine, Augustine, Ernestine u.ä.

Titus: kathol. Vorname, nach dem hl. T., dem Gefährten des Apostels Paulus (Brief an T.). Auch Name des röm. Kaisers, der a. 70 Jerusalem zerstörte, behandelt von Mozart in der Oper „Titus"; auch Rembrandts Sohn hieß so (daher „Tituskopf").

Tobias: hebr. „gütig ist Gott"; als bibl. Vorbild der Frömmigkeit im Ref. Jh. beliebt. Ein Junker T. bei Shakespeare, ein Tobias Knopp bei W. Busch, Tobias Stimmer, Holzschnittmeister.

Toni: siehe Anton und Antonie!

Torsten: siehe Thorsten!
Ein Torstenson war schwed. Feldherr Gustav Adolfs.

Traute: siehe Waltraut!

Trine: siehe Katharina!

Trude: siehe Gertrud!

Trutz: modische Erfindung adeliger Kreise. Trutz v. Trotha.

Tycho: dänisch, bekannt durch Tycho Brahe, Astronom um 1600. Vgl. Tycho u. Theodor Mommsen, Brüder aus Kiel, u. Oluf G. Tychsen aus Schleswig (Orientalist in Rostock um 1800).

U

Udo: urkundlich niederdt. Kurzform zu Ulrich, eigentlich Udel-, germ. Odalrich (siehe unter Ulrich!). Vgl. mehrere Grafen Udo im 10/11. Jahrh.; Udo (Uolrich) major decanus 1197 am Niederrhein und Ude 1403 in Bremen, fortlebend auch im Familiennamen Uhde. Auch der Vollname Udolf spielt hinein, vgl. Herzog Udelof von Holstein (16. Jahrh.) und Familienname Uhdolph; also Udo zu Udolf wie Ludo (und Dudo) zu Ludolf. Im 19. Jahrh. ist Udo (wie Kuno, Benno, Hugo, Bruno) durch die Ritterromane und -dramen um 1800 wieder hervorgeholt worden; selten in Gebrauch! Vgl. Udo Brachvogel, Dichter, geb. 1835.

Uffo: urkdl. = Ludolf (um 900 in Westf.). Stark S. 14. Ein Uffe Iken (Friese, 16. Jh.). Ein Uffo Hörn, Schriftsteller (1817).

Ulf: nordische Form für Wulf. Ein Ulf Uggason war isländ. Skalde um 900.

Ulla: als Koseform zu Ursula gebraucht.
Vgl. Ulla Jacobsen, schwed. Filmschauspielerin.

Ulrich: ursprünglich Odal-rich, oberdt. Uodel-rich (zu germ. auda, altdt. od = Erbgut, Glück, vgl. gotisch auda-hafts „beglückt", und rieh „mächtig"). Seine Beliebtheit durchs ganze Mittelalter verdankt der Name dem heiligen Ulrich, Bischof von Augsburg, verdient um den Sieg Ottos des Großen über die Ungarn auf dem Lechfelde anno 955. Auch hinter der niederdt. Form Olerik (Familienname Ohlerich) steht der Heilige! Vgl. sente Odelrik neben Olrik 1318/12 in Hildesheimer Urkunden. Berühmt sind die mittelhochdt. Dichter Ulrich von Eschenbach, U. v. Türheim, U. v. Lichtenstein u. a., auch Herzog U. von Württ. (vom Volkslied verherrlicht, im 19. Jahrh. mehrfach dramatisch behandelt, so 1840, 1849, 1869, 1886 und 1913: H. Burte „Herzog Utz v. W.", desgl. in Romanen: W. Hauff „Lichtenstein" 1827, G. Schwab 1819. Ein Schwabe war auch Ulrich Megerle, Pseudonym: Abraham a Santa Clara. Als Vorkämpfer der Reformation ist der fränk. Ritter Ulrich von Hutten bekannt. Als Schweizer Reformator: Ulrich Zwingli, Zürich, der U. zu „Huldr(e) ich" umdeutete. Als „armer Mann im Toggenburg" ist der Schweizer Ulrich Bräker (geb. 1735) in die Literaturgeschichte eingegangen. Von der schweizer Koseform Utz stammt unser Appellativ „uzen"; alemannisch ist auch Uli, bekannt durch Jeremias Gotthelfs „Uli der Knecht" 1841 und „Uli der Pächter" 1849. Gebräuchlich sind auch die Doppelnamen Hans Ulrich (Han-ueli) und Hermann Ulrich (Herman-utz).

Ulrike: weibl. Neubildung der Klassikerzeit zu Ulrich wie Friederike zu Friedrich. Bekannt vor allem durch Ulrike v. Levetzow, in die sich Goethe mit 74 Jahren verliebte; auch die Schwester seiner Schwiegertochter hieß so: U. v. Pogwisch, desgl. die Schwester H. v. Kleists (seine „teuerste Ulrike“, 1811) und die Schwester Friedrichs des Großen (genannt nach Ulrike, der Königin von Schweden, mit der sein Vater gerade Frieden geschlossen hatte).

Undine: zu lat. unda „Woge, Welle“. Bekannt vor allem durch Lortzings romantische Oper „Undine“ 1845, nach dem Vorgang von E. T. A. Hoffmann 1816 und Baron de la Motte-Fouqué 1811, die alle dasselbe Motiv von der Nixe behandeln, die durch Verbindung mit einem Menschen eine Seele zu erlangen sucht. Heute vereinzelt Vorname.

Urban: der heilige Urban (Märtyrer, 230) gilt als Patron der Winzer. (Lat. urbanus „städtisch, gebildet“.)

Urd: Norne, nord. Schicksalsgöttin (Edda). Vgl. Jorrit, Britt, Urd: Geschwister um 1938!

Urs: zu lat. ursus „Bär“. Nur schweizerisch, nach dem Lokalheiligen U. v. Solothurn (Märtyrer der altchristl. „Thebaischen Legion“). Bekannt durch Urs Graf, schweizer Zeichner zur Zeit Holbeins.

Ursula, Ursel, Urschel, Urschi, Uschi, Ulla: wörtlich „kleine Bärin“ zu lat. ursus „Bär“. Beliebt geworden durch die Legende von der heiligen U. (von Köln) und ihren 11000 Jungfrauen (darunter Cordula); in Kunst und Literatur mehrfach behandelt. Patronin der Ursulinerinnen 1537, des Nonnenordens zur Erziehung weiblicher Jugend. Die häusliche Koseform unserer Tage ist Uschi, seltener Ulla. Im Kasperle-Theater begegnet die schlampige Urschel (als Kaspers Frau). Viel gelesen ist Klaus Börners Novelle „Ursula“ (um 1940). Bekannt ist die schwed. Filmschauspielerin Ulla Jacobsen.

Uschi: siehe Ursula!

Ute: die mittelhochdeutsche Form Uote – so heißt im Nibelungenliede Kriemhilds Mutter – geht auf altgerm. Oda zurück als Kurzform zu Vollnamen wie Odburg, Odflad u. ä., wo od (germ.-got. auda) „Besitz, Glück“ bedeutet wie auch in den Männernamen Otfried, Othmar, Ode-brecht, Ottokar mit der Kurzform Otto. In der deutschen Heldensage trägt eine ganze Reihe von Frauengestalten – im ganzen sieben – den Namen Uote, darunter auch die Gattin Hildebrands, die Herzogin Uote, die als Oda in der Thidrekssaga wiederkehrt; die Beliebtheit des Namens in der Sage – es ist geradezu der Name von Heldenmüttern – dürfte einen bestimmten historischen Hintergrund haben, eine markante Frauengestalt der deutschen Geschichte, nämlich Oda, die Stammutter der Ludolfinger, des altsächsischen Kaiserhauses! Sie starb 913 z. Zt. Ottos des Großen im sagenhaften Alter von 107 Jahren, ist also der Typus der ehrwürdigen Ahnfrau! In Grafen- und Herzogsgeschlechtern erfreute sich der Name bis um 1200 besonderer Beliebtheit – bekannt ist die Markgräfin Uta von Meißen durch ihr Standbild im Naumburger Dom –; dann schwindet er fast gänzlich und taucht erst mit dem Deutschbewußtsein der zwanziger und dreißiger Jahre unseres Jahrhunderts wieder auf.

Uwe: Modename unserer Tage, fries.-dänischer Herkunft wie der ebenso ungedeutete Kai. Heute bekannt durch Uwe Seeler, Kai Uwe von Hassel. Literarisch belegt durch „Uwe Lornsen" (1872) von Ludwig Dreyer und „Heideschulmeister Uwe Carsten" von Felizitas Rose.

V

Valentin: lat. Valens „gesund, stark". Einst beliebter Heiligenname, Patron gegen die „Fallsucht" (St. Veltins Plag bei Hans Sachs, Murner u. a.) Mundartlich Veiten, Feiten (Familienname). Literarisch bekannt ist Valentin durch das Hobellied des Tischlers V. in Ferd. Raimunds „Verschwender", 1834: „Da streiten sich die Leut herum". Der Münchner Komiker Karl Valentin hieß eigentlich Valentin Fey.

Valentine: im 19. Jahrh. nicht unbeliebt gewesen: populär war das Bühnenstück „Valentine" von Gustav Freytag. 1846.

Valerie: urspr. Name einer Heiligen: Valeria. Eine „Valerie" schrieb 1827 Karoline von Fouqué. Vgl. heute Valerie von Martens, Gattin des Dichters Curt Götz. Siehe auch W a l l y !

Valerius: röm. Name. Bekannt auch durch Quintus Valerius Maximus. Valerius Wilh. Neubeck 1765, Arzt u. Dichter.

Valeska: polnisch = Valerie. Vgl. Valeska Gräfin von Bethusy-Huc 1849.

Veit, lat. **Vitus:** nach der Legende war Vitus als Knabe Märtyrer unter Kaiser Diokletian. Der heilige Veit war Nothelfer gegen „Fallsucht" (vgl. den Ausdruck „Veitstanz"). „Zum heiligen Veit von Staffelstein bin ich emporgestiegen" heißt es bei Viktor Scheffel. Berühmt ist der Bildhauer Veit Stoß (1440 bis 1533) und sein Krakauer Altar. Vgl. Veitsdom in Prag und Ortsnamen wie St. Vith in der Eifel. Bekannt sind u. a. Veit Harlan, Regisseur, und Veit Valentin, Historiker.

Vera: im Osten beliebt, da polnisch („Glaube", russ. Wera, Wjera). Von Bühne und Film bekannt sind Vera Molnar und Vera Tschechowa (Tochter der Olga Tschechowa, – auch Olga ist russisch). Einen Roman „Gräfin Vera" schrieb 1883 Helene von Dönniges, Gattin eines Russen!

Verena: schweizer. Heilige, V. von Zurzach, zu den Märtyrern der Thebaischen Legion (um 286 bei St. Moritz) zählend; schon um 1250 im alem. Adel Vorname, dann volkstümlich, in der Koseform Vrene(le) oft, so bei den alem. Dichtern Jeremias Gotthelf und Joh. Peter Hebel.

Veronika: Koseform V r o n e (l i) . Kath. Heilige, bekannt durch die Legende vom Schweißtuch der V., wonach sie dem kreuztragenden Christus ihren Schleier reichte, auf dem sich sein Gesicht abdrückte. Die uns geläufige Form Veronika beruht auf vulgärlat. Beronice, lat. Berenice, aus dem griech. Berenike „Siegbringerin": so hieß z. B. die schöne Tochter des Königs Agrippa I. von Judäa, nach dem jüd. Kriege als Geliebte des Titus in Rom.

Viktor: lat. = „Sieger". Daher (seit dem 19. Jahrh.) öfter mit Bezug auf siegreiche Kriegsereignisse gegeben (1813, 1864, 1866, 1870/71), z.B. Victor Michels (Germanist), geb. am Tage von Königgrätz (3. Juli 1866). Bekannt ist der Dichter Viktor Scheffel 1826. Am Niederrhein (Xanten usw.) und in der Schweiz ist Victor auch Heiligenname (Märtyrer der Thebaischen Legion).

Vicky: engl. Koseform zu V i k t o r i a (s. dies!)

Viktoria: lat. „Sieg". Im 19. Jahrh. in Aufnahme gekommen durch die Kaiserin Friedrich, Tochter der Königin Viktoria von England; vgl. auch Auguste Viktoria, Gattin Kaiser Wilhelms II. Beliebt ist Knut Hamsuns Novelle „Viktoria" und Paul Abrahams Operette „Viktoria und ihr Husar". Die Koseform Vicky ist uns geläufig durch Vicky Baum und ihren Roman „Helene Willfür" 1928.

Viola: lat. „Veilchen". Vereinzelt modisch. Vgl. auch Violetta (z.B. in Verdis „Traviata").

Vinzenz: kath. Heiligenname, Kurzform: Zenz. Der heilige V. war spanischer Märtyrer anno 304; Reliquien von ihm auch in Breslau (St. Vinzenzstift), daher dort dt.-slaw. Familiennamen wie Fietzek, Vietzke (man sprach nämlich Vizenz). Vinzent van Gogh, der Maler (geb. 1853), hieß indes (wie schon sein Großvater) nach dem Stifter der Barmherzigen Schwestern (und der kath. Vinzenzvereine), dem hl. V. von Paul, gest. 1660. Wie Viktor meint auch V. den „Siegenden" (zu lat. Vinco). Vgl. auch Vinzenz Prießnitz!

Vita: modisch in unseren Tagen vereinzelt gebraucht; zu lat. vita „Leben".

Vitu: siehe V e i t!

Volker: im Nibelungenliede Name des Spielmanns „Volker der videlaere" von Alzey. Als Vorname durch nationale Hochstimmung wieder belebt, vgl. Volker v. Collande 1913 u. ähnliche Vorbilder.

Volkmar: „im Volke berühmt". Im Mittelalter beliebt, als Vorname erst in unserem Jahrh. von nationalem Bedürfnis wieder hervorgeholt. Vgl. den Theologen Volkmar Herntrich. Koseform war Völkel, Felkel (schles.). Zur Variante Vol(l) mer gehört die schweizer Koseform Völmy bzw. Felmy (als Familienname bekannt). Auch Volz ist alte oberdt. Koseform dazu.

Volkrat: gewöhnlich zu V o l l r a t verschliffen, einst im Adel gebräuchlich, vgl. Graf Vollrat von Ratzeburg z. Zt. Heinrichs des Löwen. Ein Heinrich Vollrat Schumacher 1861 in Korbach.

Volkwart, Volquart: wie Eilwart, Markwart, Alwart, Rikwart niedersächs.-friesisch mit der Kurzform Vocke, Fock, siehe unter F o c k e! Ein Volquart Paulsen ist holst. Historiker. Vgl. Folkers, Rickers.

W

Walburg(a), Walpurgis, Walp: kath. Heiligenname germanischer Herkunft, in Bayern gebräuchlich, nach der hl. Äbtissin des Klosters Heidenheim bei Eichstätt (gest. 780), dargestellt z.B. von Dürer. Walburg war die Tochter König Richards von England und Schwester der Hl. Willibald und Wunnibald (auch Willibald war Bischof von Eichstätt). Vgl. die Walpurgisnacht (30. April / 1. Mai). Auch eine germ. Sibylle oder Seherin Waluburg ist bezeugt. Im niederdt.-fries. Raum war die Form Wolburg mit der Koseform Wobbe üblich, wal = Walstatt.

Waldemar: bekannt als Name dänischer Könige um 1200 und des Markgrafen von Brandenburg um 1300. Den falschen Woldemar, der danach auftauchte, hat W. Alexis romanhaft behandelt. Ein Woldemar Nürnberger 1818 dichtete unter dem Pseud. M. Solitaire. Einen Prinzen Waldemar verehrte Bettina von Arnim. Im baltischen Adel vgl. W. Baron von Üxküll 1860. Volkstümlich ist der spöttische Reim „Mein Sohn heißt Waldemar, weil es im Walde war", aus dem Soldatenliede vom lieben Marielein.

Wally: österr. Name des 19. Jahrh., speziell wienerisch. Eine fesche Wienerin ist die Wally in Joh. Strauß' Operette „1001 Nacht". Berühmt ist die „Geyer-Wally", Roman von Wilhelmine von Hillern 1875 (jetzt verfilmt). Eine „Komteß Wally" schrieb 1898 Bertha Clement. „Wally die Zweiflerin" 1835/52 brachte dem Verfasser (Carl Gutzkow) Gefängnis ein. Wally wird als Kurzform für Valerie gebraucht.

Walther: „im Heer waltend", „Heerführer". Altbeliebter germ. Name besonders beheimatet im alemannisch-schweizerischen Raume, wo (in St. Gallen) auch das Walthari-Lied (Heldensage von Walther und Hildegund) im 10. Jahrh. entstanden ist! Daher auch das alem. Gepräge der Kosenamen: Wälti und Waltz(el), Weltzel, letztere auch in Mähren 1378 bezeugt mit der Gleichung Welczil = Waltherus. Berühmt ist Walther durch den größten Lyriker des Mittelalters, W. von der Vogelweide um 1220. Nach jahrhundertelanger Vergessenheit hat erst Schiller mit dem „Wilhelm Teil" (Walther: Teils Sohn, W. Fürst!) und die damalige Ritterdichtung und Romantik den N. wieder in Umlauf gebracht, vgl. Goethes Enkel Walther (und Wolfgang) 1818! Auch Walther Stoltzing in Wagners „Meistersingern" 1847 sei erwähnt.
Zu den typischen altdeutschen Namen des alemann. Raumes gehören neben Walther auch Werner, Rudolf, Ulrich, Arnold; auch sie wurden um 1800 von neuem belebt.

Waltraut: eigentlich Walkürenname, so in Wagners „Ring des Nibelungen". Erst in den 20er Jahren Mode (wal „Walstatt", trud „Kraft"). Vgl. Wiltraut! Bekannt ist Waltraut Haas, Schauspielerin.

Wanda: polnisch-russischer Vorname nach einer sagenhaften polnischen Königstochter. Uns geläufig durch Gerhart Hauptmanns „Wanda" 1928.
Eine Erzählung „Wanda Wielopolska" schrieb schon 1831 Wilhelmine von Chezy.

Wendelin: nach der Legende ein Königssohn, der in der Trierer Gegend als Schafhirt und Einsiedler lebte (gest. um 617 u. heiliggesprochen: Wallfahrtsort St. Wendel!) Beliebter Vorname in Baden. Vgl. auch als Pseudonym: Wendelin Überzwerch.

Wenzel: dt. Form für Wenzeslaw (böhm.-poln. Waczlav), wörtlich „ruhmgekrönt". N. mehrerer böhmischer Könige, bes. des heiligen W., des Landespatrons Böhmens (erschlagen 935). Schon Fischart wußte „Böhmen heißen W." (und Polen: Stenzel, = Stanislaw). Seine Popularität ließ ihn im Kartenspiel zum „Buben" werden. Mundartl. Wanzel: vgl. den böhm. Hockewanzel.

Werner: zu germ.-ahd. warjan „wehren" und hari „Heer" (ursprünglich Warin-hari, mhd. Wernher. Im Mittelalter beliebt. Bekannt ist Wernher der Gärtner als Verfasser der ältesten deutschen Dorfgeschichte vom „Meier Helmbrecht" um 1250. Mannigfache Kurz- und Koseformen (seit langem verklungen, weil der Vollname um 1400 außer Gebrauch kam) bestätigen seine einstige Volkstümlichkeit, so oberdt. Wernle (auch Wehrle) und Wetzel, niederdt.-fries. Wessel, niederdt. Werneke: Warncke. Wie schon das heutige Fehlen von Koseformen verrät, beruht sein Gebrauch im 19. Jahrh. und zu Anfang des 20. Jahrh. auf der Wiederbelebung durch Schillers „Wilhelm Teil" (W. Stauffacher, W. Frhr. v. Attinghausen und Werni der Jäger) und die Romantik, schließlich auch durch Scheffels „Trompeter v. Säckingen" 1854: Werner Kirchhoff.
Bekannt sind: Werner v. Siemens 1816, W. v. d. Schulenburg, W. Frhr. von Braun (Raketenforscher).

Wido: siehe Guido!

Widukind: berühmt durch den Sachsenherzog W., der sich verzweifelt gegen Karl den Großen und die Bekehrung zum Christentum wehrte. Nach ihm nannte sich auch der Geschichtsschreiber der Niedersachsen, der Mönch W. von Corvey (10. Jahrh.); desgl. ein Graf W. von Schwalenberg (12. Jahrh.) und ein Bischof von Minden (13. Jahrh.) in der niederdt. Form Wedekind (vgl. den Dichter Frank Wedekind!); germ. widu meint „Wald", wie im N. des Wiedehopfs, d. h. „Waldhüpfer".

Wiebke: friesisch wie Wiebe für Wigburg (so urkdl.), aber auch wie Frauke als „Weibchen" deutbar. Eine Wiebke Kruse war Gattin des Barockkönigs Christian IV.

Wiegand: „Kämpfender" (noch mhd. ist wigand, zu wig „Kampf", die Bezeichnung für „Recke", oft im Nibelungenliede). Ein Buchdrucker Wiegand Spieß 1467 in Eltville. Als Koseform war in Hessen Witzel gebräuchlich. Als Familienname vgl. Weigand, schles. Weigt.

Wieland: als Vorname bekannt durch Wieland Wagner, den Enkel Richard Wagners und Sohn Siegfried Wagners. Die Sage von Wieland dem kunstreichsten Schmiede war noch im späten Mittelalter im Volke lebendig: so begegnet im 13. Jahrh. ein Welandus faber und mehrfach der Beiname Wielant, als Bauernname auch in den Liedern Neidharts von Reuenthal. Ein Meister Wieland war 1333 Erbauer der Peter-Paul-Kirche in Liegnitz. Ein Wieland Schmidt, Germanist 1904.

Wilfried: begegnet z.B. als Romanheld bei Friedrich Spielhagen 1900 und bei Karl Edler: „Wilfried" 1884. Im 7. Jahrh. wirkte ein ags. Missionar Wilfried bei den Friesen. Noch heute ist W. engl. Vorname.

Wilhelm: germ., speziell normannischer Name, daher auch in England häufig (seit Wilhelm dem Eroberer! 1066), engl. William, Willy, Bill(y), frz. Guilleaume. Bei einem Ritterfest zu Bayeux in der Normandie wurden nach altem Bericht anno 1171 allein 117 Wilhelme gezählt! Zahlreiche Grafen, Herzöge, Könige und Kaiser trugen den N., im 19. Jahrh. sorgte das preuß. Königshaus für seine Beliebtheit und noch um 1900 hieß fast jeder dritte Junge Willi nach Kaiser Wilhelm II. Für das 18. Jahrh., das Zeitalter der weibl. Neubildung Wilhelmine (!), seien genannt: Wilhelm v. Humboldt, W. Wackenroder, W. Müller (Liederdichter). Vgl. auch Schillers „Wilhelm Tell" und Goethes „Wilhelm Meister". Friesisch: W i l m u. W i l k e, vgl. Wilke Wilkens/Oldbg.

Wilhelmine: einer der beliebtesten Frauennamen des 18. Jahrh., neu gebildet mittels der roman.-franz. Endung -ine wie Karoline, Josephine usw., alle zu Männernamen. Beispiele bekannter Trägerinnen siehe unter H e l m i n e. Ein komisches Heldengedicht „Wilhelmine" schrieb 1764 M. A. von Thümmel; vgl. auch Julius Stindes komische Type Wilhelmine Buchholz. Aus der Endsilbe wurde die Koseform Mine (wie Stine zu Ernestine und Trine zu Katharine), plattdt. Mining (Fritz Reuter), poln. Minka („Schöne Minka, ich muß scheiden" von Tiedge), franz. Minette, vgl. „Minette v. Sohlenthal" 1909 (Roman v. Ch. Niese). Am populärsten war aber noch Ende des 19. Jahrh. die Koseform M i n n a, veranlaßt durch Lessings Lustspiel „M. von Barnhelm" 1767, mit Anlehnung an den Begriff „Minne"!

Willi, Willy: Koseform (eigentl. englisch) zu W i l h e l m (siehe dort!), um 1900 beliebter Modename.

Willibald: uns nur durch Willibald Alexis, Pseudonym für Wilh. Häring (geb. 1798), geläufig. Als Vorname längst außer Gebrauch; im 18. Jahrh. trug ihn der Komponist Gluck, um 1500 der Humanist Pirkheimer in Nürnberg. Geht zurück auf den heiligen W., Bruder des heiligen Wunnibald (!) und der heiligen Walburga, den ersten Bischof von Eichstätt (gest. 781).

Willmar: germ. (mar = berühmt). Bekannt durch W. Schwabe, Apotheker. Willrath: ostfriesisch. Vgl. Willrath Dreesen (1878), fries. Dichter. Wilm(a) = Wilhelm(a). Vgl. Helma!

Wiltrud: bekannt durch Wiltrud Urselmann, Schwimmsportlerin. Auch Tochter Ludwigs III. von Bayern! Schwester: Helmtrud! Vgl. W i l t r a u t v. Brünneck 1913.

Winfried: heute selten; bekannt als ursprünglicher N. des Bonifatius, eines Angelsachsen, des „Apostels der Deutschen", der um 720/740 das Christentum nach Hessen, Thüringen und Friesland brachte (durch Fällen der heiligen Donarseiche bei Geismar bewies er den Germanen die Ohnmacht ihrer Götter), wini = „Freund".

Winifred: bekannt durch die Gattin Siegfried Wagners, eine Engländerin.

Wolf, Wölfi, Wölfchen: Kurzformen zu Wolfgang.

Wolfgang: Wolf, Wölfi, vgl. Familienname Wölfflin.
Altgerm. Name, im Mittelalter aber ungebräuchlich. Nur der kirchliche Stempel hat ihn vor dem Untergang geschützt durch Heiligsprechung des Bischofs W. von Regensburg (gest. 994) – das konservative Bayern war reich an germ. Namen – und so verbreitete sich der N. von Bayern über die süddeutschen Lande (allein in B. war W. 34 mal Kirchenpatron!), und es ist kein Zufall, daß Wolfgang Mozarts Familie aus der Augsburger Gegend stammt. Wie das Beispiel des Straßburger Mönchs und späteren evang. Liederdichters Wolfgang Dachstein (gest. 1530) lehrt, fand mit der Reformation mancher urspr. kath. N. auch in evang. Kreisen Aufnahme (trägt doch auch Martin Luther einen bis dahin kath. Vornamen!). Nach dem Heiligen W. ist auch der St. Wolfgangsee bei Salzburg umbenannt, – sein uralter Name war Abersee! Das Wiederaufleben des Namens im 19. Jahrh. bis in unsere Tage ist aber durch berühmte Vorbilder bedingt: durch M o z a r t und G o e t h e („Ich war", so gesteht Goethe in Dichtung und Wahrheit, „nach Menschenweise in meinen Namen verliebt und schrieb ihn, wie junge ungebildete Leute zu tun pflegen, überall an"). Fehlen jedoch solche Vorbilder, dann behält der Name wie z. B. der Heiligenname Erhart (Bischof v. Regensburg) beweist, seinen begrenzt landschaftlichen oder konfessionellen Charakter! Unter 12 Abiturienten des kath. St.-Ansgar-Gymnasiums Hamburg 1964 hießen 5 Wolfgang!
Namenträger: W. Dachstein (s. o.), Wolfgang Helmhard Frhr. (!) v. Hohberg 1612 (evang., österr.), W. Chr. Dessler 1660, W. Goethe 1749, W. Mozart 1756, J. W. Weikert 1778, W. Rob. Griepenkerl 1810, Wolfg. Golther 1860 ff.
Geläufiger als Wolfgang waren dem Mittelalter W o l f h a r t (als Nibelungenheld! Familienname Wohlfahrt, schles.) und W o l f r a m, bekannt durch den mhd. Epiker W. von Eschenbach und seinen „Parzival", – germ. Wolf-hraban bezieht sich auf die Wölfe und Raben als ständige Begleiter Wodans!

Wolfhart: kaum noch gebräuchlich; im Mittelalter als Recke der Nibelungensage beliebt, daher der (schles.) Familienname Wohlfahrt! nebst Wölfel. Vgl. Wolfhart Spangenberg 1570, Dramatiker.

Wolfram: nur noch modisch im Andenken an den großen mhd. Dichter W. von Eschenbach (13. Jahrh.) und sein Parzival-Epos. ram ist aus germ. (h)raban

„Rabe“ verschliffen; Wolf und Rabe waren Wodans ständige Begleiter. Vgl. Wolfram Humperdinck 1893, W. v. den Steinen.

Wulf: = Wolf. Vgl. auch Wulfila „Wölfchen“, Bischof u. Bibelübersetzer der Goten um 400.

X

Xaver: kath. Taufname, meist Franz Xaver, nach dem Heiligen Fr. X., dem Missionar Indiens und Japans im 16. Jahrh. Xaverius ist Beiname nach einem Ort in Spanien. In Bayern beliebt, vgl. den Münchner Fr. X. Gabelsberger 1789, Erfinder der Kurzschrift.

Y

Yvonne: frz. weibl. Ableitung von Ivon, d. i. germ. Ivo, Heiligenname. siehe Ivo!

Z

Zacharias, Zacher, Zaches, Zacherl: gemeint ist eher der Prophet Z. als der Vater Johannes des Täufers. Bedeutung (hebr.): „Gott ist eingedenk“. Schon im 15. Jahrh. als Taufname (Zachries, Zachmann, Zacher) gebräuchlich (auch ein Papst zur Zeit Pippins im 8. Jahrh. hieß so), dann als bibl. Name auch bei Protestanten im 16./17. Jahrh. und bei den Pietisten im 18. Jahrh.: vgl. Zacharias Werner (1768–1823), Verf. der Schicksalstragödie „Der 24. Febr.“ 1810, dessen Freund E. Th. A. Hoffmann dichtete das Märchen vom „Klein Zaches“. Vgl. auch Zach. Herrmann (1643-1716), Kirchenlieddichter.

Zenz(i): siehe Crescentia bzw. Vincentius, Vinzenz!

Verzeichnis der behandelten Namen

männlich

Achim
Adalbert
Adam
Adelbert
Adolar
Adolf
Adrian
Aegidius
Alard
Alban, Albin
Albert
Albrecht
Alex(ander)
Alfons
Alfred
Alois
Alwin
Amandus
Ambrosius
Andreas
Anselm
Anton
Aribert
Armin
Arno
Arnold
Arnulf
Arthur
Arwed
Asmus
August(-in)
Axel

Balduin
Baldur
Balthasar
Bartholomäus
Benedikt
Benjamin
Benno
Bernhard
Berno
Bernd
Berthold
Bertram
Bodo
Bogdan
Bogislaw
Boje
Bolko
Börries
Bruno
Burkhard
Busso

Carl(o)
Carry
Carsten
Caesar
Christian
Christoph
Clemens
Constantin
Cord
Cornelius
Curd

Dagobert
Daniel
David
Deno
Detlef
Dierk
Dieter
Diethelm
Dietmar
Dietrich
Dietz
Dirk
Dolf

Eberhard
Eckart
Eckehard

weiblich

Ada
Adele
Adelgund
Adelheid
Adeline
Agathe
Agnes
Aida
Alberta
Alexandra
Alexandrine
Alice
Alke, Altje
Alma
Almuth
Alwine
Amalie
Amanda
Amelie
Anastasia
Andrea
Angela
Angelika
Anita
Anke
Anna
Annekathrein
Anneliese
Annemarie
Antje
Antonie
Armgard
Asta
Astrid
Auguste
Aurelia

Babette
Barbara, Bärbel
Bea(te)
Beatrice
Belinde
Bert(h)a
Bettina
Betty
Bianka
Bine
Blanda
Birgit
Birte
Brigitte
Britta
Brunhilde

Caecilia
Camilla
Carda
Carola
Carry
Carsta
Cecilie
Charitas
Charlotte
Christa, Christel
Christine
Cilly
Clara, Clarissa
Cläre
Claudia
Clementine
Clothilde
Conny
Constanze
Cordelia
Cordula
Corinna
Cornelia
Corona
Crescentia

Dagmar
Daniel(l)a
Diana
Dietlinde

männlich

Ed(e)
Edgar
Edmund
Eduard
Edward
Edwin
Edzard
Egbert
Egidius
Egon
Ehrenfried
Eilhart
El(i)mar
Emanuel
Emil
Emmerich
Engelbert
Engelhard
Erasmus
Erdmann
Erhard
Erich, Erik
Ernst
Erwin
Eugen
Ethelbert
Ewald

Fabian
Fedor
Felix
Feodor
Ferdinand
Florentius
Florian
Fock(e)
Folker
Folkmar
Frank
Franz
Fred
Frerk
Friedemann
Fridolin
Friedhelm
Friedmar
Friedo
Friedrich
Frithjof
Fritz

Gabriel
Gebhard
Georg
Gerd
Gerhard
Gernot
Gero
Gerold
Gerrit
Gert
Gilbert
Gisbert
Golo
Goswin
Gottfried
Gotthard
Gotthold
Gottlieb
Gottlob
Gregor
Guido
Gunnar
Guntram
Gustav

Hajo
Hanfried
Hans
Harald
Hardy
Harm
Harro
Harry
Hartmann
Hartmut
Hartwig
Hasso
Hauke
Hayo
Heimfried
Heimo

weiblich

Dina
Dora, Doris
Dorothea
Dörte

Ebba
Edda
Edelgard
Edeltraut
Edith, Editha
Eleonore
Elfi
Elfriede
Elfrun
Elisa(beth)
Elke, Eltje
Ellen
Elli, Ella
Ellinor
Else, Elsa
Elsbeth
Elvira
Emilie
Emma, Emmi
Emmeline
Emmerich
Engeltrud
Erdmuth
Erika
Erla
Erna
Ernestine
Erwine
Esther
Estrith
Eugenie
Eulalia
Eva, Evi
Eveline, Evelyn

Fanny
Faustina
Felizitas
Feodora
Ferdinande
Flora
Franziska
Frauke
Freya
Frieda, Friedel
Friederike

Gabi
Gabriele
Gebba
Gerburg
Gerda
Gerhild
Gerlinde
Germania
Gertrud
Gesche
Gese
Gesine
Gisela
Gitta
Gödela
Grete, Greta
Grit(t)a
Gudrun
Gudula, Guda
Gundula, Gundel
Gunhild
Guschi
Guste(l)

Hanna
Hannelore
Hedda
Hedwig, Hedi
Heidi
Heidrun
Heike
Heilwig
Heinke
Helen(e)
Helga
Helke
Hella
Helma
Helmine
Helmgard

männlich

Heiner
Heino
Heinrich
Heinz
Heimar
Helmund
Helmut
Henner
Henning
Henry
Herbert
Heribert
Hermann
Hildebrand
Hildebredt
Hilmar
Hinrich
Hjalmar
Holger
Horst
Horstmar
Hubert
Hugo

Ignaz
Ilja
Immanuel
Ingo
Ingolf
Ingwer
Irmo
Ivo
Jakob
Jan
Jasper
Jens
Joachim
Jobst
Jodten
Johannes
Jörg
Jörn
Joseph
Julius
Jürgen
Just(us)
Justinus

Kai
Karl
Karlmann
Karsten
Kaspar
Kilian
Kla(a)s
Klaus
Klemens
Knut
Konrad
Konstantin
Kord
Kraft
Kunibert
Kuno
Kurt

Lambert
Lars
Laurentius
Leo
Leonhard
Leopold
Lex, Lexl
Lienhard
Linus
Lipp, Lipp(er)l
Lorenz
Lothar
Louis
Ludger
Ludo
Ludolf
Ludwig
Luitpold
Lukas
Lutz

Magnus
Malte
Manuel
Manfred
Mario

weiblich

Helmtrud
Henny
Henriette
Herlinde
Herma
Hermine
Hert(h)a
Herzlinde
Hilde, Hilda
Hildegard
Hildegund
Hilke, Hiltje
Hiltrud
Hulda

Ida, Iduna
Ilka
Ilona
Ilse
Ina
Inge(borg)
Ingrid
Inken
Irene
Iris
Irma
Irmgard
Irmhild
Irmtraut
Isa(bella)
Isolde
Ivonne

Jenny
Jettchen
Johanna
Josephine
Juliane
Julie, Julchen
Justine
Jutta

Karin, Karen
Karla
Karola
Karoline
Karsta
Katharina
Käthe
Katja
Kerstin
Kirsten
Kitty
Klara, Kläre
Klärdten
Klothilde
Kriemhild
Kuni(gunde)

Laura
Leni, Lena
Lenore
Leonie
Leonore
Liane
Liese, Lieschen
Lilian
Lilli
Lilo
Lina
Linda
Lisa
Lisbeth
Liselotte
Lisette
Lissy
L(i)utgard
Lola, Lolita
Loni, Lona
Lore
Lotte
Louise
Lude
Lucinde
Luise
Lukrezia
Lu(lu)
Lydia

Magda(lene)
Maja
Malmen

männlich

Mark(us)
Martin
Matthias
Max
Me(i)nrad
Melchior
Me(n)no
Michael
Momme, Mumm
Moritz

Niels
Nikolaus
Nils
Norbert

Olaf
Oldag
Oliver
Onno
Ortwin
Oskar
Oswald
Otfried
Othmar
Otto
Ottokar
Ottomar
Ove

Paul
Peter
Philipp
Poldi
Theodor
Raimund

Rainer
Ralf
Raoul
Reimund
Reiner
Reinhard
Reinhold
Remco
Re(e)mt

Rene
Rheder
Richard
Robert
Rochus
Roderich
Roger
Roland
Rolf
Roman
Rudi
Rüdiger
Rudolf
Rupert
Ruprecht

Sebald
Sebastian
Sepp, Seppl
Severin
Siegbert
Siegfried
Siegmund
Sigismund
Simon
Sixt(us)
Sö(h)nke
Sören
Stefan, Stephan
Stoffel
Sven, Swen

Tassilo
Tede, Tetje
Thaddäus
Thassilo
Theo
Theobald
Theophil
Thies
Thomas
Thorsten
Thorwald
Till
Tilmann
Tim

weiblich

Malwine
Malwida
Maren
Marga(rete)
Margot
Marie, Maria
Marianne
Marika
Marina
Marion
Marlene
Marlies
Martha
Martina
Mary
Mathilde
Maxi
Mechthild
Meike
Melanie
Melina
Melitta
Melusine
Meta
Mia
Michaela
Milli
Mimmi
Mine
Minna
Mite
Molly
Moni(ka)

Nan(n)ette
Natalie
Nelde
Nele
Nelly
Nettchen
Nina
Nora

Olga
Olivia
Olly

Ortrud
Ottilie

Pamela
Patricia
Paula
Pauline
Petra
Philippine

Ragna
Ragnhild
Regina
Regula, Regel
Renate
Resi
Ria
Ricarda
Rita
Rosa
Rosalie
Rosalinde
Rosamunde
Rosemarie
Rosina
Rosita
Roswitha
Rotraut
Ruth
Ruthild

Sabine
Sally
Sanne(rl)
Selma
Senta
Sibylle
Sidonie
Sieglinde
Sigrid
Sigrun
Silke, Silja
Silvia
Simone
Sonja
Sophie

männlich

Titus
Toni
Traugott
Trutz
Tycho

Udo
Uffo
Ulf
Uli
Ulrich
Urban
Urs
Utz
Uwe
Valentin
Valerius
Veit
Viktor
Vinzenz
Vitus
Vocke
Volker
Volkmar
Volkrat, Vollrat
Volkwart

Waldemar
Walt(h)er
Wendelin
Wenzel
Werner
Wido
Widukind
Wiegand
Wieland
Wilfried
Wilhelm
Willi, Willy
Willibald
Wil(l)mar
Willrat
Wilm
Winfried
Wolf
Wolfgang
Wolfhart
Wolfram

Xaver

Zacharias

weiblich

Stanzi
Stasi
Steffi
Stefanie
Stine
Susanne
Susi
Swantje
Swanhild

Tamara
Tatjana
Telsche
Thea
Theda
Thekla
Theodora
Therese
Thora
Thusnelda
Tilde
Tilly
Tine
Toni
Traute
Trine
Trude

Ulla
Ulrike
Undine
Ursula
Uschi
Ute, Uta

Valentine
Valerie
Valeska
Vera
Verena
Veronika
Viktoria
Viky
Vrene(li)
Walburg(a)
Wally
Waltraut
Wanda
Wiebke
Wilhelmine
Wilma
Wiltrud
Winifred

Yvonne

Zenzi

Vom gleichen Verfasser erschien u. a.:

Deutsches Namenbuch“. Ein Führer durch Deutschlands Familiennamen. Neumünster: Wachholtz 1932/33.

„Schlesisches Namenbuch“. Kitzingen: Holzner 1953. (= Quellen und Darstellungen zur schlesischen Geschichte, herausgegeben von der Historischen Kommission für Schlesien. Band 3).

„Mecklenburgisches Namenbüchlein“. Rostock: Hinstorff 1932.

„Stralsunder Bürgernamen um 1300“. (Baltische Studien, NF. 36. Stettin 1934).

„Deutschlands älteste Fluß- und Ortsnamen“. Hamburg: Grindeldruck 1962/63.

„Lexikon der Fluß- und Ortsnamen Deutschlands“. Frankfurt a. M.: Klostermann 1964.

Grundriß der Genealogie

Band 9

Abenteuer der Familienforschung

Von Helmut Zimmermann

DIN A 5, gebunden, VIII und 102 Seiten **ISBN: 978-3-96528-059-5** **€ 14,50**

Die Genealogie steckt voller Abenteuer, und wenn man mit einer Forschung beginnt, weiß man eigentlich nie, wohin der Weg durch die Kirchenbücher oder andere Archivalien führt. Ein solches Abenteuer fängt meistens dort an, wo man scheinbar an einen „toten Punkt" geraten ist und nun seinen ganzen Scharfsinn aufbieten muß, um das Hindernis zu überwinden. Solche Abenteuer hat Helmut Zimmermann aus mehr als drei Jahrzehnten seiner Tätigkeit auf dem Gebiet der Genealogie zusammengestellt zu einem anregenden Lesebuch für jeden Familienforscher.

Es ist aber nicht nur ein anregendes Lesebuch, denn in den 30 Forschungsbeispielen steckt eine Fülle von Tips und Anregungen für jeden Familienforscher.

Wir empfehlen dieses Büchlein ganz besonders allen Anfänger!

- Wie forsche ich nach meinen Vorfahren?	- Der sensationelle Fund im Pfarrarchiv
- Wenn der Herr Pastor ein E für ein I machte	- Wenn man sich um ein Jahrhundert verschreibt
- Die Müllersfrau mit dem falschen Geburtstag	- Der alte Grabstein
	- Das Ende einer Familienlegende
- Die Paten „brachten es an den Tag"	- Schäfer, Schäfer, Du mußt wandern
- Der „heiße Tip" kam von der Gevatterin	- Was man bei Salzburgern Glaubensflüchtlingen erlebt
- Was das Kirchenbuch verschwieg	
- Oh, diese Schäferfamilien	- Die Malerbegabung kam nicht von den Glaubensflüchtlingen
- Mahlstedt kam aus Oldenburg	
- Der „ausgewechselte" Großvater	- Die Stecknadel im Heuhaufen
- Ein Familienbild löste das Problem	- Der „unechte" Gastwirtssohn
- Wie die Enkelin des Bürgermeisters zur Türkin wurde	- War „Henricus Sigering" der Stammvater der von Anderten?
- Der Pastor las „Quante" statt „Wente"	- Eine Familienlegende und ihre Folgen
- Ein Pfarramt antwortet nicht	- Eine Pastorenforschung voller Tücken
- Des Bischofs Beamter – ein „verlorener" Pastorensohn	- Der Grabstein des „Seniors"
	- Herr Dubois wurde als „Tibo" getauft
- Wenn es die Listen der Militärpflichtigen nicht gäbe …	- „Genealogische Schmunzelecke"

C.A.Starke Verlag Bad Salzdetfurth